Barbara von Bechtolsheim

Hannah Arendt und Heinrich Blücher

Biografie eines Paares

Insel Verlag

Klimaneutral
Druckprodukt
ClimatePartner.com/14438-2110-1001

Erste Auflage 2023
Originalausgabe

Umschlaggestaltung: hißmann, heilmann, hamburg
Umschlagfoto: Fred Stein, © Fred Stein Archive
Satz: Satz-Offizin Hümmer GmbH, Waldbüttelbrunn
Druck: GGP Media GmbH, Pößneck
Printed in Germany
ISBN 978-3-458-64297-8

www.insel-verlag.de

Hannah Arendt und Heinrich Blücher

Für A. Douglas Stone

Inhalt

Vorwort

Die Hannah-Arendt-Forschung boomt, und es mag verwegen erscheinen, der Vielzahl von Arbeiten über Hannah Arendt noch etwas hinzufügen zu wollen. Allein über ihr Buch *Eichmann in Jerusalem* sind mehr als tausend Publikationen erschienen. Dieses Werk hat die Diskussion über die Verantwortung für den Holocaust in Deutschland, USA und Israel angefeuert. Hannah Arendt gehört zu den einflussreichsten philosophischen Schriftstellern des 20. Jahrhunderts. Die Aktualität ihres Werkes nimmt zu, ihr Denken löst bis heute kontroverse Debatten aus. Der monumentalen Größe und der Rezeption ihres Werkes möchte ich mit meinem Buch einen Aspekt hinzufügen.

Mein Interesse gilt der philosophischen Werkstatt Hannah Arendts und ihres Ehemanns Heinrich Blücher. Über dreißig Jahre lang haben sie sich Anregungen gegeben, miteinander gestritten, einander vertraut. Der Blick gilt den Ähnlichkeiten und Unterschieden ihrer Lebenswege, ihres Bildungshintergrunds, ihres Wirkens und Denkens sowie der Dynamik ihrer Beziehung. Miteinander waren sie ein fast unzertrennliches Paar, bereichert durch die Verschiedenheit ihres Temperaments und ihrer Erfahrungen.

Als Intellektuelle war Hannah Arendt zweifellos einflussreicher als Heinrich Blücher. Sie hat das Denken der deutschen Philosophie verändert und wird bis heute weltweit rezipiert, er hat bei vielen seiner Studenten am Bard College und bei Kreativen in seiner Umgebung einen nachhaltigen Eindruck hinterlassen. In diesem Buch soll beleuchtet werden, wie sie sich unterstützt und beeinflusst haben und aneinander gewachsen sind, auch an Spannungen und Auseinandersetzungen. Dem Einfluss seines Denkens und seiner Persönlichkeit auf ihr Werk wurde bisher kaum Beachtung geschenkt. Hier soll ein Beitrag geleistet werden, diese Lücke zu schließen.

Da meine Aufmerksamkeit der Begegnung der beiden in ihrer Paarbeziehung gilt, erscheint es mir stimmig, über sie weitgehend mit ihrem Vornamen zu sprechen, so wie sie sich gegenseitig in ihren Briefen anreden und wie die meisten Freunde sie angesprochen haben. Darüber hinaus ist das Buch in dem kulturellen Umfeld entstanden, in dem Arendt und Blücher die wesentliche Zeit ihres gemeinsamen Lebens verbrachten, an der Ostküste der Vereinigten Staaten, wo man sich grundsätzlich mit dem Vornamen anspricht, auch im beruflichen Kontext. Mit dieser stilistischen Entscheidung bleibt meine Hochachtung vor den mutigen, klugen, geistreichen, schöpferischen Persönlichkeiten, den Wegbereitern eines neuen, oftmals zu Kontroversen anregenden Denkens unverändert bestehen, ich fühle mich ihrer beider Lebensleistung in Respekt verpflichtet.

New Haven, August 2022

KAPITEL 1

Auftakt – »*Zwischen zwei Menschen entsteht manchmal, wie selten, eine Welt.*«

»Liebste, ich bitte Dich: kauf' Dir den Pelz. Liebe Freundin, ich rate Dir dringend, Dir diesen Pelz zu kaufen. Liebe Frau, kaufe sofort einen Pelz ...« Wenige Zeilen später wendet sich dieser Rat zum Erwerb eines winterlichen Luxusartikels assoziativ: »Eins ist sicher: in der kalten Jahreszeit kann ich Dir keine Reise mehr gestatten, denn es ist das Recht des Mannes, sich an seiner Frau zu wärmen – so sprach Jehova wahrscheinlich zu Adam.«[1] Schade, dass eine solche Briefstelle nicht im Briefwechsel veröffentlicht wurde, vielleicht zu privat oder nicht der Intellektualität entsprechend, für die dieses Paar bekannt ist. Begeisterung und Sinnlichkeit kennzeichnen diese furiose Korrespondenz – immer im Wechsel mit den intellektuellen Fäden, die sie enthält.

Heinrich Blücher wirbt hier galant um die gut aussehende, gebildete und faszinierende Hannah Arendt, und er sieht in ihr schon jetzt die Grande Dame, die nicht nur gern gehört, sondern auch gern gesehen wird.

Zu Anfang besucht er sie in ihrer beengten Unterkunft in der Emigrantenmetropole Paris. Hannah

Arendt hat eine besondere Ausstrahlung: Auf den Fotos der frühen Jahre sehen wir ihre ebenmäßigen Gesichtszüge, das schwarze Haar gescheitelt und zurückgebunden, ein ruhiger, konzentrierter, immer nachdenklicher Blick. Sie legt Wert auf damenhafte Kleidung. Wie ihr seit Jugendjahren bewusst ist, sieht sie jüdisch aus, und dies verleiht ihr einen gewissen Zauber. Nie sieht man sie ohne ihre Zigarette, die ihr bei allem akademischen Ernst etwas Bohèmehaftes gibt. Seit ihren Jungmädchenjahren versammelt sie die Intellektuellen um sich und steht im Mittelpunkt philosophischer Debatten. Sie setzt durchaus ihre weiblichen Reize ein, um bestimmte Gesprächspartner für sich einzunehmen.

Einer Anekdote zufolge lädt sie anfangs zum Abendessen auch ihren Hebräisch- und Jiddischlehrer Chanan Klenbort ein, um mit »Monsieur« nicht allein zu sein. Aber diese Vorsichtsmaßnahmen währen nicht lang. Sie finden aneinander eine geistig-sinnliche Faszination, die sich für die Nachwelt in den Briefen sowie in ihren Schriften erhalten hat. Er flaniert unter dem Namen Heinrich Larsen, seinem Deckdamen bei der KPD, durch die Passagen von Paris. Er hat keine Ausweispapiere bei sich und verheimlicht seine kommunistische Vergangenheit. Er trägt Anzug, Hut und Spazierstock, raucht Pfeife und später Zigarren und gibt sich dandyhaft. Seinen richtigen Namen übersetzt er ins Französische: Seine Postkarten an Hannah weisen als Absender Henri Blucher auf. Seiner selbstironisch gewählten Berufsbezeichnung »Drahtzieher« macht er alle Ehre. Konspiration und Gefahr in seiner kommunistischen Umtriebigkeit gefallen ihm – und verleihen ihm zusätzlich etwas Verführerisches. Hannah gibt ihm den Kosenamen »Monsieur«.

Paris 1936, Exil und Heimat für die jüdischen Intellektuellen nach ihrer Flucht aus Deutschland, solange sie hier geduldet werden. Logieren in billigen Hotels, Flanieren durch die Passagen der Metropole. Die habe sich – so Hannah Arendt in ihrem Essay über Walter Benjamin[2], den sie Benji nennt und mit dem sie und Heinrich gern Schach spielen – »mit einer Selbstverständlichkeit ohnegleichen seit Mitte des vorigen Jahrhunderts allen Heimatlosen als zweite Heimat angeboten. Weder die ausgesprochene Fremdenfeindlichkeit der Bewohner noch die ausgeklügelten Schikanen der einheimischen Fremdenpolizei haben daran je etwas zu ändern vermocht.«[3] Die jungen Liebenden genießen das neue Zuhause, oder besser die Zwischenstation, als »ein großzügig gebautes und geplantes Interieur in freier Luft, über dem das Himmelsdach sinnfälligste Realität wird«.[4] Die Wohnverhältnisse sind bescheiden, nichts Dauerhaftes, so dass die Stadt Paris einen romantischen Raum fürs Spazieren, Philosophieren und Flirten bieten muss. »In Paris fühlt sich der Fremde heimisch, weil man diese Stadt bewohnen kann wie sonst nur die eigenen vier Wände. Und wie man eine Wohnung nicht dadurch bewohnt und wohnlich macht, dass man sie benutzt – zum Schlafen, Essen, Arbeiten –, sondern dadurch, dass man sich in ihr aufhält, so bewohnt man eine Stadt dadurch, dass man es sich leistet, ziel- und zwecklos durch sie zu flanieren, wobei der Aufenthalt durch die zahllosen Cafés gesichert ist, welche die Straßen flankieren und an denen das Leben der Stadt, die Flut der Passanten, vorbeizieht.«[5] Rückblickend vergleicht sie diese Kulisse ihrer jungen Beziehung mit dem späteren gemeinsamen amerikanischen Exil: »In der Öde amerikanischer Vororte oder auch den Wohnbezirken der Großstädte, wo das gesamte Straßenleben sich auf der Fahrbahn bewegt und man auf den zu Fußsteigen zusammengeschmolzenen Trottoirs oft kilometerweit nicht einem Menschen begegnet, hat man das genaue Gegenteil von Paris vor Augen.«[6] In diesem frühlingshaften Paris lernen sie sich kennen, und zwar in einem Café in der Rue Soufflot, in dem der Philosoph Walter Benjamin gern weilt. Dessen Wohnung in der Rue Dombasle 10, Rive Gauche, unweit von Hannah Arendts wechselnden Hotelzimmern, entwickelt sich zum Treffpunkt namhafter Emigranten, die sich hier in ihrer jeweiligen Exilerfahrung eine geistige Heimat einrichten. Zwischen dem Privaten und dem Öffentlichen bildet sich ein Freundeskreis, in dessen Mittelpunkt bald das junge Paar steht. Französische Politik, deutsche Philosophie und Literatur sind ihre Themen. In der Rückschau wird der langjährige Freund Hans

Jonas, den Hannah seit 1924 aus ihrer Marburger Studienzeit kennt, in seiner Trauerrede ihr »Genie der Freundschaft« würdigen. Zu den Freunden gehören der bereits erwähnte Chanan Klenbort, der ebenfalls aus Berlin emigrierte Psychoanalytiker Fritz Fränkel, dem wir zusammen mit Heinrich noch begegnen werden, der Rechtsanwalt Erich Cohn-Bendit, der ebenfalls wegen ihm drohender Verhaftung nach Paris emigriert ist, sowie der aus kommunistischen Berliner Kreisen mit Heinrich befreundete Maler Carl Heidenreich, der wegen seiner als entartet deklarierten Kunst und seiner kommunistischen Aktivitäten zur Flucht gezwungen wurde. In diesem jüdisch-marxistisch-philosophisch geprägten Raum der Begegnungen übt man sich im Dialog, jener für Arendt und Blücher so zentralen und wegweisenden Art des Denkens. Man bemüht sich, gemeinsam zu verstehen, wie es geschehen konnte, dass alle Tradition an ein Ende gekommen zu sein scheint.

Dass Hannah Arendt und Heinrich Blücher so schnell zueinanderfinden, mag erstaunen, denn sosehr sie sich in dem Bedürfnis nach geistiger Auseinandersetzung und Unabhängigkeit einig sind, so verschieden ist doch ihre Herkunft: sie die brillante Philosophin aus gutbürgerlichem jüdischem Hause, die sich nicht als Philosophin verstehen mag und mit ihren siebenundzwanzig Jahren einige Lebenserfahrung besitzt, und der vierunddreißigjährige Mann der Tat, der ein deutscher Philosoph hatte werden wollen und durch die verpasste Chance einer Revolution ernüchtert ist. Doch genau an dieser Stelle ergänzen sich die Theoretikerin und der Praktiker in ihrem Anliegen, sich auseinanderzusetzen und aktiv am Weltgeschehen zu beteiligen. Im Zwiegespräch entfaltet sich ein poetisches Denken, das tatsächlich paradigmatisch Neues eröffnet. Sie müssen einander aufmerksam zugehört haben, so wie sie auch in ihren Briefen immer gegenseitig auf die Gedanken und Berichte des anderen eingehen. Freunde berichten, dass sie gerade das kontroverse Diskutieren genießen konnten, sie kamen ja von sehr verschiedenen Standpunkten zusammen, aber diese Wortgefechte gehörten wohl zur wachsenden Leidenschaft und befeuerten diese noch.

Beim Flanieren durch die Passagen von Paris lassen sie sich von endlosen Gesprächen beflügeln und begründen ihre produktive intellektuelle Werkstatt, in der sich ein gewisser Alltag einspielt. Es gibt auch das Glück der Selbstverständlichkeit, die Rücksicht auf jeweils unterschiedliche Bedürfnisse, Zeiten am Schreibtisch und Zeiten im Sessel. Wenn Hannah morgens bei reichlich Kaffee und einem ausgedehnten Frühstück ihrer gewöhnlich melancholischen Stimmung nachhängt, ehe sie dem Tag gewachsen ist, hat er gelegentlich keine Lust mehr auf diese düstere Laune und verzieht sich wieder ins Bett, um ein Schläfchen zu halten.

Von ihrer politischen Arbeit lässt Hannah sich nicht

ablenken und reist kurz nach dem Kennenlernen im August 1936 zum Jüdischen Weltkongress nach Genf. Heinrich bleibt indessen im regnerischen Paris und schreibt ihr sehnsuchtsvolle Briefe. Ihren wiederholten Reisen haben wir die umfangreiche Korrespondenz zu verdanken, in der sich das Miteinander-Denken entfaltet. Auch die Gefühle der beiden zueinander dokumentieren die Briefe jener ersten Wochen. »Liebster, ich glaub', ich liebe Dich. Im Ernst. Und sehe langsam, sehr langsam ein, dass es gegen die Liebe keine Gründe geben sollte. / Wenn ich nur nicht so verflucht gute Gründe hätte …«[7], schreibt sie ihm aus Genf, wo sie sich seit etwa zwei Wochen aufhält. Ein paar Tage später fügt sie hinzu »Dass ich Dich liebe – das hast Du schon in Paris gewusst, wie ich es wusste. Wenn ich es nicht sagte, so weil ich Angst hatte vor den Konsequenzen. Und was ich heute dazu sagen kann, ist nur: Wir wollen es versuchen – um unserer Liebe willen. Ob ich Deine Frau sein kann, sein werde, weiß ich nicht. Meine Zweifel sind nicht weggepustet. Auch nicht die Tatsache, dass ich verheiratet bin …«[8] Noch ist Hannah mit ihrem ersten Ehemann, Günther Stern, verheiratet, auch wenn sich die Beziehung auseinandergelebt hat und er im Juni 1936 in die USA emigriert ist. Auf die Reise nach Genf hat Heinrich Hannah einen Band mit Gedichten von Goethe mitgegeben, so dass sie sich beide auf jenen Dichter beziehen können, der sich in Liebesdingen auskannte. Offenbar hat Heinrich schon bemerkt, dass Hannah sich in ihrem Denken und in ihren Entscheidungen gern von der Literatur führen – und verführen – lässt. Spontan, humorvoll, unmittelbar und explizit mündlich ist der Stil der Korrespondenz, gelegentlich werden Goethe oder Herder zitiert, dann geht es wieder um die gemeinsamen Freunde und natürlich um das Zeitgeschehen, um die Juden, um die Kultur.

Auch im folgenden Sommer hält Hannah sich wieder in der Schweiz auf, indessen zählt er die Tage ihrer Abwesenheit und kämpft um sie, bis sie irgendwann merkt, dass ihr etwas fehlt, wenn seine Briefe nicht eintreffen. Endlich versichert sie dem ungeduldig auf sie und ihre Post wartenden Heinrich: »Und als ich Dich dann traf, da hatte ich endlich keine Angst mehr – ... Immer noch scheint es mir unglaubhaft, dass ich beides habe kriegen können, die ›große Liebe‹ und die Identität mit der eigenen Person. Und habe doch das eine erst, seit ich auch das andere habe. Weiß aber nun endlich auch, was Glück eigentlich ist.«[9] Irgendwie scheint diese vernunftgesteuerte Frau selbst noch nicht zu glauben, dass sie ihm vertrauen kann. Seine Antworten sind oftmals eloquente Episteln, gelegentlich in tadellosem Französisch, in denen er seine politisch-philosophischen Gedanken ausbreitet, und es ist kaum nachzuvollziehen, dass er immer wieder behauptet, er könne nicht schreiben. Vor allem wirbt er zärtlich, erotisch, spielerisch um sie: »Mein Wunderbares, Schönes, Liebliches, meine

Freude, mein Stolz, mein Garten aller meiner Lust«[10], beginnt er und versichert sie seines Begehrens und seiner Liebe, die, wie er sagt, auch ihn habe zu sich selber kommen lassen. Die gegenseitigen Liebesbezeugungen werden durch nüchterne Tatsachen nicht vermindert. Hannahs Scheidung von Günther Stern ist seit dem 26. August 1937 rechtskräftig, Heinrich ist noch gebunden, theoretisch zumindest, aber er hält seine privaten Dinge im Dunkeln. Als sie schließlich von den beiden Ehen erfährt, die er ihr verheimlicht hat, bewahrt sie die Contenance. Seine kurze Ehe mit Lieselotte Ostwald und die pragmatische Ehe mit der in Lettland geborenen Natascha Jefroikyn, die so die deutsche Staatsbürgerschaft erhielt, nimmt sie gelassen zur Kenntnis. Dass er aus einem proletarischen Umfeld stammt, ist für sie nur deshalb ein Thema, weil er sich als ambitionierter Geisteswissenschaftler im Widerspruch zu seiner Herkunft sieht. In einem Brief Arendts an Karl Jaspers klingt das so: »Mein Mann heißt Heinrich Blücher – schriftliche Beschreibung unmöglich. Er hat während des Krieges hier teils für die Armee, teils für Universitäten und teils als broadcaster gearbeitet auf Grund seiner militärwissenschaftlichen Kenntnisse. Mit Beendigung des Krieges ist er aus all diesen mehr oder minder offiziellen Dingen herausgegangen und arbeitet augenblicklich im economic research für Privatfirmen. Er stammt aus einer Berliner Arbeiterfamilie, hat in Berlin Geschichte unter Delbrück studiert, war dann Redakteur eines Nachrichtendienstes und hat sich verschiedentlich politisch betätigt.«[11] Auch hier also die Betonung auf dem Arbeitermilieu, dem Blücher, und durch ihn vermittelt Hannah, sich ideell zugehörig fühlt. Er ist kein jüdischer Intellektueller, und dies passt zu Hannah Arendt insofern, als sie keinesfalls »respectable« sein will, also, um keinen Preis elitär, oder gar aus ihren Überzeugungen eine Karriere machen möchte. Die Beziehung zwischen den beiden ungleichen Partnern ist gerade durch beider Unabhängigkeit von ihrem sozialen und ethnischen Hintergrund geprägt. Diese Distanzierung von der Herkunft und die Zugehörigkeit zu einem intellektuellen Milieu ist ein gemeinsamer Nenner – selbst wenn sich die Eheleute später wiederum über die New Yorker Intellektuellen mokieren werden.

Offenbar gibt es auch Auszeiten. 1937 hält sich das junge Paar auf der Insel Porquerolles vor der französischen Mittelmeerküste auf. Per Postkarte informiert sie Walter Benjamin vertrauensvoll über den paradiesischen Ort, an dem sie mit Heinrich weilt wie Adam und Eva. Selbstironisch und mit einem gewissen Understatement lädt sie den Freund mit präziser Reisebeschreibung ein, sie auf der Insel zu besuchen. Sie unterzeichnet noch mit Hannah Stern, aber sieht sich mit Heinrich als das Liebespaar schlechthin, inmitten romantischer Genüsse.[12] Dass sie Jahre später tatsächlich mit Heinrich einen neuen Baum der Erkenntnis pflanzen würde, kann sie noch nicht absehen.

Beide müssen sich um ihren Lebensunterhalt kümmern, und dabei sind sie erfinderisch. Seit ihrer Emigration ist Hannah Arendt eingeschriebenes Mitglied der World Zionist Organization und tritt mit Vorträgen für deren Ziele an die Öffentlichkeit. Noch ehe sie ein Paar sind, muss Heinrich sie bei einem dieser Vorträge erlebt haben und sehr von ihr beeindruckt gewesen sein.

Hannah findet eine finanziell einträgliche Arbeit als Privatsekretärin im Hause Rothschild, nachdem sie kühn behauptet hat, sie habe Bürokenntnisse. Die Baronesse Germaine de Rothschild gehört zu den erfolgreichen jüdischen Aufsteigern, die Hannah Arendt gerade unsympathisch sind, aber als Studium einer Variante des Judentums und nicht zuletzt als Möglichkeit, Geld zu verdienen, akzeptiert sie dieses Umfeld.

Als sie Heinrich kennenlernt, ist Hannah Generalsekretärin des Pariser Büros der *Jugend-Aliyah*, einer 1933 in Berlin gegründeten jüdischen Organisation, die Kinder und Jugendliche aus ganz Europa in Palästina in Sicherheit bringt und die jungen Leute auf die Immigration vorbereitet. Zuvor hat sie sich ganz ähnlich bei *Agriculture et Artisanat* für junge zukünftige Palästina-Emigranten eingesetzt. Für die *Jugend-Aliyah* begleitet sie 1935 eine Jugendgruppe über Marseille und von dort mit dem Schiff nach Palästina. In den Kibbuzim, die sie besichtigt, sammelt sie Eindrücke, die ihre Vorsicht gegenüber dem Zionismus bestärken, dennoch fühlt sie sich in den drei Monaten dort heimisch. Durch ihr Engagement bei den beiden jüdischen Organisationen hat sie in Frankreich eine Arbeits- und Aufenthaltsgenehmigung erwirkt. Die deutsche Staatsbürgerschaft wird ihr 1937 aberkannt. Heinrich hat keinerlei Papiere und verdient als staatenloser Fremder illegal mit Unterricht in Geschichte, Philosophie und Kunstgeschichte etwas Geld und nutzt die Zeit, um sich mit der französischen Geschichte vertraut zu machen. Dr. Fränkel hat einen kleinen Auftrag für ihn, als sich eine seiner neurotischen Patientinnen mit den traditionellen tiefenpsychologischen Gesprächen nicht kurieren lässt und auch auf Medikamente und Hypnose nicht anspricht. Sie will ihr Bett nicht verlassen. Heinrich hat eine zündende Idee. Er bringt Kerosin und ein paar Putzlumpen mit, setzt sie in Brand, und eine Stichflamme scheucht die Frau aus dem Bett. Heute würde man eine solche Maßnahme vielleicht der Provokativen Therapie zuordnen. Jedenfalls hat Heinrich gelernt, dass einfache Dinge entscheidende Veränderungen bewirken können.

Paris ist zu diesem Zeitpunkt keine romantische Kulisse für eine unbeschwerte Liebesbeziehung. In der Metropole herrscht infolge der Weltwirtschaftskrise extreme Arbeitslosigkeit, was wiederum zu großer Fremdenfeindlichkeit führt. 1936 kommt der sozialistische Front Populaire an die Macht. Premierminister wird Léon Blum, der erste Jude in diesem Amt. 1942 wird er als Kopf des Widerstands an die deutschen Besatzer ausgeliefert, überlebt das Konzentrationslager Buchenwald und wird 1946 erneut zum Premierminister gewählt.

Hier wie auch in Deutschland gewinnen die extremen rechtsgerichteten Gruppen bedenklich an Einfluss, in Frankreich werden sie unter dem Vichy-Regime eine große Rolle spielen. Darüber können auch internationale Großereignisse nicht hinwegtäuschen, wie zum Beispiel die Olympischen Sommerspiele im neu errichteten Olympiastadion im Berliner Westend zum größeren Ruhm des Hitler-Regimes. Die empörten Bemühungen deutsch-jüdischer Emigranten, diese Zurschaustellung von Macht vor allem durch Proteste im deutschsprachigen *Pariser Tageblatt* zu verhindern, bleiben erfolglos. Man darf davon ausgehen, dass auch im Kreise Arendt–Blücher–Benjamin darüber debattiert wird.

Indessen bereitet man in Frankreich die Pariser Weltausstellung vor, die im Mai 1937 eröffnet und vierunddreißig Millionen Besucher anziehen wird. Hitler und Stalin nutzen das Ereignis zu Propagandazwecken, der von Albert Speer entworfene deutsche Pavillon steht dem ebenso gigantischen vis-à-vis gelegenen sowjetischen Pavillon gegenüber; zwei trutzige Bauten repräsentieren das Kräftemessen zwischen den Ideologien. Auch die Vorahnung der Katastrophe wird sichtbar: Mit dem Jahrhundertgemälde *Guerni-*

ca mahnt Pablo Picasso die höchsten Werte von Humanität und Zivilisation an. Walter Benjamin konstatiert bereits 1936, die Selbstentfremdung der Menschen sei zu dem Punkt gekommen, an dem sie die eigene Vernichtung als ästhetischen Genuss erlebten: »So steht es um die Ästhetisierung der Politik, welche der Faschismus betreibt. Der Kommunismus antwortet ihm mit der Politisierung der Kunst.«[13] Damit weist er auf die Parallelen hin, welche Arendt und Blücher schon jetzt ansprechen und die sie in den folgenden Jahren intensiv beschäftigen werden: Hintergründe und Ausprägungen totalitärer Regime sowie die strukturelle Vergleichbarkeit des internationalen Faschismus und der Internationale des Kommunismus.

Heinrich ist bemüht, an der Seite seiner promovierten Freundin seinem politischen Tatendrang theoretische Arbeit vorauszuschicken, doch er hat dabei immer die Praxis im Auge. So bewegen sich seine Gedanken vom Antisemitismus zum revolutionären Marxismus, zum »Kampf gegen Faschismus und Imperialismus in der ganzen Welt an der Seite der Arbeiter, Bauern und der unterdrückten Völker«.[14] Schon jetzt mahnt Hannah an, es sei alles »noch etwas komplizierter«[15] – hier im Hinblick auf das Judentum gemeint, aber zweifellos auch auf alle Ausführungen seines Briefes. Beide treibt jetzt zunehmend die Frage um, was in Zeiten des totalen Zusammenbruchs tradierter Ordnungen zu tun ist.

In diesen Turbulenzen kommt Hannah Arendt auf

ihre »wirklich beste Freundin« zurück, die jüdische Salonnière Rahel Varnhagen von Ense, über die sie eine Biografie – mit autobiografischem Charakter – verfasst hat. Später wird sie einem Kapitel von *Vita Activa* als Motto ein Zitat der dänischen Autorin Karen Blixen voranstellen: »All sorrows can be borne if you put them into a story or tell a story about them.«[16] Jetzt ist wieder Zeit zum Geschichtenerzählen, um die Sorgen erträglich zu machen, und sie befasst sich noch einmal mit der Lebensgeschichte ihrer Vorgängerin Rahel. Elf Kapitel hat sie noch vor der Flucht geschrieben, nun liest Walter Benjamin das unvollendete Manuskript und drängt Hannah, es fertigzustellen. Im Sommer 1938 schließt sie das Werk ab, nun unter dem Eindruck ihrer eigenen Erfahrung bei der zionistischen Organisation und der eskalierenden Judenfeindlichkeit – und somit bestärkt in ihrem Blick für die Ironie der Assimilation der Juden und alle gescheiterten Bemühungen, dazuzugehören. Wie sie im Vorwort zur Neuauflage von 1958 bemerkt, nun in den USA, wo sie, ähnlich wie Rahel, das Leben auf sich regnen lassen wird – so von Rahel von Varnhagen in ihrem Tagebuch notiert[17] –, ging es ihr darum, »Rahels Lebensgeschichte so nachzuerzählen, wie sie selbst sie hätte erzählen können«.[18] Schon hier wird klar, dass Arendt für ihr Schreiben und Verstehen immer von der Literatur inspiriert ist, dass die Dichtung für sie eine Form des Denkens darstellt und es stets bleiben wird.

Deutlicher als Rahel Varnhagen muss Hannah Arendt erfahren, dass die Gesellschaft die assimilierten Juden nie anerkennt, ganz im Gegenteil, auch nicht im französischen Exil. In Deutschland fühlt sich Hannahs Mutter seit der Reichspogromnacht am 9. November 1938 nicht mehr sicher, so dass Hannah und Heinrich sie bei sich aufnehmen wollen. Martha Beerwald hat als junge Frau in Paris studiert, spricht fließend Französisch, und es könnte alles ganz einfach sein, doch ist die neue familiäre Situation schwierig. Das junge Paar findet eine Wohnung in der Rue de la Convention, ebenfalls im 15. Arrondissement, damit auch für die »Mutt« Platz ist. Doch Marthas erster Eindruck von Heinrich ist negativ, sie findet sein Auftreten ungehobelt und rügt seine Bequemlichkeit. Er seinerseits bringt der künftigen Schwiegermutter nur wenig Sympathie entgegen, sie ist für ihn vor allem bürgerlich und somit uninteressant. Spannungen und Unstimmigkeiten sind vorprogrammiert.

Paris ist im Rückblick nicht mehr als eine Durchgangsstation, was angesichts des drohenden weltgeschichtlichen Unheils zunehmend klar wird. Als sich Hannah Arendt und Heinrich Blücher auf ihrer ersten Exilstation kennenlernen, haben sie beide dem Land ihrer Herkunft den Rücken gekehrt und stehen als Staatenlose vor einer ungewissen Zukunft. Seither bestärken sich die beiden politischen Wesen im

Dialog darin, die Weltereignisse verstehen zu wollen und entsprechend zu handeln. Im Folgenden wird zu zeigen sein, wie beide die Freiheit, frei zu sein, nutzen. Wie sie in diesem In-die-Welt-geworfen-Sein und bei aller Entwurzelung doch im Dialog mit der Welt und über die Welt klare Standpunkte einnehmen – und das Private öffentlich machen. Wie meistern die beiden im Miteinander die verschiedenen Stationen ihrer politischen, kulturellen und emotionalen Migration? Wie gelingt ihnen immer wieder über Entfernungen und Herausforderungen hinweg ein verbindender Dialog, der sie beide auch mit der Welt verbindet? Und wie kann es sein, dass wir noch heute in der Kunst und im Kulturdiskurs dieses Miteinander spüren, sehen und hören? Aber zuerst einmal zurück zu den Anfängen.

KAPITEL 2

Die Flüchtlinge – *»Also legen wir großen Optimismus an den Tag«*

In den ersten Jahren ihrer Beziehung gehen Hannah Arendt und Heinrich Blücher gemeinsam durch die Hölle und schaffen es, ein neues Leben zu beginnen – Herausforderungen, die den Grundstein für eine lange und vertraute Bindung legen. Die Machtergreifung der Nationalsozialisten 1933 hat beide unabhängig voneinander zur Flucht aus Deutschland gezwungen. Frankreich ist das erste Ziel, ein beliebter Fluchtweg dorthin führt über Prag. Hannah hat durch Kurt Blumenfeld, den Präsidenten der Zionistischen Vereinigung für Deutschland, den Auftrag erhalten, eine aktuelle Sammlung antisemitischer Äußerungen zusammenzustellen. Sie scheint Blumenfeld deshalb dafür geeignet, weil sie nicht offiziell zu den Zionisten gehört. Ihr gefällt der Auftrag, weil sie damit der judenfeindlichen Entwicklung in Deutschland etwas Konkretes entgegensetzen und verantwortlich handeln kann. In diesem Sinne recherchiert sie in Berlin in der Preußischen Staatsbibliothek, um das Dokumentationsmaterial für den Zionistenkongress in Prag im Sommer 1933 vorzubereiten. Im Juli wird Hannahs Wohnung mit philosophischen Manuskripten und Notizbüchern durchsucht, die Polizei findet die von ihr gesammelten Zeitungsausschnitte, die wegen »Gräuelpropaganda« zu ihrer Verhaftung führen. 1964 wird sie in einem Fernsehgespräch mit Günter Gaus anekdotisch berichten, wie sie der Inhaftierung geschickt entkam – der Kriminalbeamte sei ein ahnungsloser, aber letztlich netter Kerl gewesen, er habe sie zwar festgenommen, jedoch dann wieder freigelassen.[1] Für Hannah ist nun offensichtlich, dass sie als Jüdin in Deutschland nicht mehr sicher ist. Über Prag und Genf gelingt ihr im August die Flucht nach Paris, während etwa zeitgleich auch Blücher über Prag und Zürich dorthin unterwegs ist.

Am 15. März 1933 sperren SA und Polizei die Umgebung der Künstlerkolonie Wilmersdorf ab, in deren Nachbarschaft Blücher wohnt. Sie dringen über die Balkone ein und brechen die Wohnungstüren auf, Bücher und kommunistische Fahnen werden verbrannt. Blücher befürchtet nach dieser Razzia, dass er in diesem Milieu der Gewalt wegen seines kommunistischen Engagements, genauer wegen seiner aktiven Mitgliedschaft bei den »Versöhnlern«, einer umstrittenen Gruppierung innerhalb der KPD, denunziert werden könnte. Außerdem sprechen seine Ehe mit der Jüdin Natascha Jefroikyn sowie seine Zusammenarbeit mit dem jüdischen Musiker Robert Gilbert gegen ihn, insbesondere, weil er ihnen bei der Flucht behilflich war. Im Januar 1934 führt sein Fluchtweg per Eisenbahn zunächst nach Prag, seine

Bibliothek mit etwa 1500 Bänden kann er mitnehmen.[2] Zu den Büchern in seinem Fluchtgepäck gehören Schriften von Lenin, Engels und Stalin.[3] Während er sich in Prag weiterhin mit seinen Überzeugungen auseinandersetzt und auf seinen Erfahrungen als Arbeiter beziehungsweise ehemaliges Arbeiterkind beharrt, distanziert er sich von den Versöhnlern und überlegt, wie es politisch weitergehen soll. Ein Brief an den Parteifreund »Frank«, dessen Identität ungeklärt ist, zeugt nicht nur von seiner weiterhin auf Revolution gestimmten Einstellung, sondern auch von gesundheitlicher und finanzieller Belastung: »Ich danke dir für die geldsendung. Ich bin zwar längst wieder am verhungern, habe nicht einmal geld für briefmarken …«[4] Am 24. August 1934 wird er von der Polizei festgenommen und im November des Landes verwiesen. Im Februar 1935 erreicht er nach dem Umweg über Wien Paris.

Einiges spricht für Prag als Zwischenstation: Die fortschrittlichen demokratischen Intellektuellen und Kulturschaffenden in der Tschechoslowakei bieten den Flüchtlingen Solidarität und Unterstützung. Auch setzen sich die Mitglieder der jüdischen Gemeinde in Prag für die verfolgten deutschen Emigranten ein.[5] Eine Reihe von Hilfskomitees koordiniert die Flüchtlingsarbeit, gleichgültig, ob die Personen aus politischen Gründen verfolgt werden oder ob sie wegen ihres Judentums auf der Flucht sind. Für die Hilfskomitees werden Geld und Lebensnotwendiges gesammelt, und bei Kundgebungen rufen die führenden Köpfe der Kulturszene zur Unterstützung der Verfolgten auf. Zudem bieten die Prager Kaffeehäuser den Emigranten und Flüchtlingen die Möglichkeit, sich zu treffen und auszutauschen. Außerdem gibt es in Prag eine lebendige deutsche Literaturszene, man kann sich auf die Spuren von Rainer Maria Rilke und Franz Kafka begeben; auch Franz Werfel und Heinrich Mann halten sich vorübergehend hier auf.

»Der Weg nach Prag war nicht ganz ein Weg ins Exil, weil es hier ja eine Literatur gab …, die Prager deutsche Literatur.«[6] So erinnert sich der 1933 nach Prag emigrierte Autor und Verleger Wieland Herzfelde. Bereits um die Jahrhundertwende 1900 war der *Prager Kreis* bekannt, in dem sich Franz Kafka, Max Brod und andere deutschsprachige Literaten austauschten. Die Autoren gaben sich zwar dem merkwürdigen Zauber des alten Prag hin, aber sie sprachen Tschechisch und beteiligten sich am Geistesleben. Tschechen, Deutsche und Juden waren in Prag als europäische Kulturschaffende verbunden. Dies bot gute Voraussetzungen für deutsche Buch- und Zeitschriftenverlage, die wiederum von den Hilfskomitees gefördert wurden. Wohin der Weg auch immer führte, Prag ist eine Drehscheibe für Intellektuelle, die durch Hitlers Machtergreifung ihre geistige Heimat verloren haben.

Zeitgleich mit Hannah und Heinrich geht Lisa Fittko ins Exil, sie begibt sich als politische Aktivistin nach Prag. Später werden sich die drei auf der Flucht über die Pyrenäen wiedersehen. In ihrer Autobiografie berichtet Fittko von den abendlichen Diskussionsrunden der Emigranten-Komitees, von Flugblättern und Aufrufen an das deutsche Volk sowie dem Bemühen, antifaschistische Literatur nach Deutschland zu bringen.[7] Dieses geistig-politische Umfeld ist für Hannah und Heinrich ein Schritt in die richtige Richtung.

Von Prag aus erreichen beide unabhängig voneinander über die Schweiz Paris und lernen sich dort im Februar 1936 kennen. »Sieben Jahre lang spielten wir die lächerliche Rolle von Leuten, die versuchten, Franzosen zu sein, oder zumindest künftige Staatsbürger.«[8] So blickt Hannah später auf diese Zeit zurück. Ganz ähnlich bemühen sich die vielen anderen jüdischen Flüchtlinge notgedrungen, sich anzupassen und ihre Identität zu verleugnen. Tausende von ihnen halten sich in Paris auf und ziehen wie Hannah und Heinrich von Hotel zu Hotel. Eine Aufenthaltsgenehmigung haben die meisten von ihnen nicht, und ohne Papiere findet sich keine Arbeit. Im Juni 1933 wird in Paris ein Verband deutscher Auswanderer in Frankreich gegründet, die *Association des Emigrés Allemands en France*, der soziale und geistige freundschaftliche Beziehungen stiften und die Flüchtlinge in Frankreich integrieren soll. Die Nachfolgeorganisation, die sich später nach Hannah Arendts gleichnamigem Aufsatz von 1943 *We Refugees* nennen wird, dokumentiert bis heute ganz im Sinne von Arendt in einem digitalen Archiv zu Flucht in Vergangenheit und Gegenwart Flüchtlingserfahrungen und bietet ein unterstützendes Netzwerk.

Im August 1936 nimmt Hannah, jung verliebt, am Jüdischen Weltkongress in Genf teil und lässt Heinrich in Paris zurück. Nach dem Einmarsch der deutschen Truppen in Österreich im März 1938 spitzt sich die Situation der jüdischen Emigranten zu, sie haben ihre Zugehörigkeit und ihre Rechte verloren. Im Juli 1938 findet in Évian-les-Bains auf Initiative des amerikanischen Präsidenten Franklin D. Roosevelt eine internationale Konferenz statt, bei der Delegierte von zweiunddreißig Staaten und zahlreiche NGOs darüber beraten, wie die Flüchtlingswellen bewältigt werden können, indem die Aufnahme der aus Deutschland und Österreich Geflüchteten geregelt wird. Hannah reist im Oktober wiederum nach Genf, um sich in die Debatte um eine mögliche Rückkehr der Juden ins Ghetto einzumischen: Sie hält dies für die falsche Reaktion, weil es ein Rückzug aus der europäischen Kulturgemeinschaft wäre. Kurz danach verliert sie ihre Stelle bei der *Jugend-Aliyah*, da deren Zentralkomitee nach London verlegt wird. Glücklicherweise hat Hannahs Mutter beim Aufbruch in Königsberg im April 1939 Goldmünzen im Gepäck verstaut, die nun verkauft werden, um die Wohnungsmiete zu bezahlen. Diese tatkräftige Hilfe der Mutter verhindert nicht, dass die Spannungen zwischen ihr und Heinrich das Zusammenleben merklich erschweren.

Schon vor Ausbruch des Zweiten Weltkrieges, ab August 1939, werden männliche deutsche Staatsangehörige als Flüchtlinge interniert. Heinrich wird im September 1939 wie Hunderte andere zunächst in das Olympiastadion in Colombe nordwestlich von Paris gebracht und von dort aus in das Arbeitslager Villemalard in der Nähe von Orléans verlegt, wo die Männer das Lager aufbauen und dann die französischen Streitkräfte unterstützen sollen. Im Gepäck trägt er Hannah Arendts Exemplar von Bertolt Brechts Gedicht »Legende von der Entstehung des Buches Taoteking auf dem Weg des Laotse in die Emigration«, das der Autor 1938 auf seiner ersten Fluchtstation in Dänemark geschrieben und Benjamin bei dessen Besuch mitgegeben hat. Diese Geschichte über den weisen Laotse auf dem Weg ins Exil verbreitet Heinrich unter den Lagerinsassen als Zeichen der Hoffnung. Unterdessen bleiben die Liebenden brieflich eng in Kontakt. Dreiundzwanzig Briefe von Heinrich an Hannah nach Paris sind überliefert, auf Französisch verfasst – vermutlich, um durch die Zensur zu kommen. In seinem ersten Brief, in Colombe auf kariertes Papier gekritzelt, schreibt Heinrich seiner »Petite«, es gehe ihm gut, auch den »malheureux Benji«, den gemeinsamen Freund Walter Benjamin, habe er wiedergefunden.[9] Für ihre Ehe interessiere man sich nicht – allerdings sind sie zu diesem Zeitpunkt noch nicht verheiratet. Doch dass die beiden eng miteinander verbunden sind, kann auch der Zensur nicht entgehen. Der Brief schließt romantisch: »Es ist gut, unter den Sternen an Dich denken zu können.«[10] Zwei Tage später meldet Heinrich sich aus Villemalard, um Hannah seine Anschrift sowie die Besuchszeiten mit genauen Angaben zur Reise mitzuteilen. Vor allem listet er für sie auf, was er konkret braucht – nicht mehr um geistige Nahrung geht es, sondern um Dinge des Überlebens. Liebevoll an sie zu denken, muss ihn aufgeheitert und getröstet haben. »Meine Kleine, ich denke immer an Dich und warte auf Dich.«[11] Vor allem versucht er, sie – und sich selber – aufzumuntern: »Wir befinden uns im schönen Land der Loire mitten in einem ganz kleinen Dorf, das ich durch Cézanne lieben gelernt habe.«[12] Er versichert ihr, sie möge sich keine Sorgen machen, während er in Wahrheit wegen Nierenkoliken vom Arbeitseinsatz befreit ist. Die Lektüre von Descartes lenkt ihn von dieser Misere ein wenig ab. Hannahs Antwortbriefe sind nicht überliefert, erschließen sich jedoch aus seinen dankbaren Reaktionen. Sie besucht ihn mehrmals und bemüht sich mit Unterstützung ihrer Freundin Charlotte Klenbort um seine Entlassung. Wie dies gelingt, ist nicht bekannt, aber immerhin kehrt er Anfang Dezember 1939 zu Hannah nach Paris zurück.

Nachdem Hannah und Heinrich ihre seit langem beantragten Scheidungsurkunden erhalten haben –

von den früheren Ehen wird an späterer Stelle noch die Rede sein –, können sie eine Heiratserlaubnis beantragen und schließen am 16. Januar 1940 in Paris die Ehe. Doch schon wenig später steht den Jungvermählten die nächste Trennung bevor: Am 5. Mai 1940 wird in den Zeitungen angekündigt, dass alle unverheirateten oder kinderlosen Frauen und alle Männer zwischen 17 und 55, die aus Deutschland, dem Saargebiet oder Danzig stammen, sich für den Abtransport in Internierungslager zu melden haben. Hannah wird am 15. Mai als »unerwünschte Ausländerin« mit etwa 7000 anderen unerwünschten Frauen, »les indésirables«, in das Internierungslager Gurs nördlich der Pyrenäen gebracht, wo sich schon in den nächsten Wochen Verzweiflung und Krankheit breitmachen. Als sie später auf diese Zeit zurückschaut, erinnert sie sich an den »leidenschaftlichen Lebensmut«, der sich als ein kollektives Aufbegehren gegen das Unrecht einstellte.[13] Heinrich wird ebenfalls am 15. Mai festgenommen, wohin er transportiert wird, weiß Hannah nicht.

Nach dem Waffenstillstandsabkommen zwischen NS-Deutschland und Frankreich am 22. Juni 1940 werden viele Internierte entlassen, doch die Franzosen drohen immer wieder, sie erneut zu internieren. Drei Fünftel Frankreichs werden von deutschen Truppen besetzt, unter Marschall Philippe Pétain etabliert sich in dem Badeort Vichy die Regierung des unbesetzten Frankreich. Das Land ist nun aufgeteilt in die deutsche Besatzungszone im Norden und die französische Zone der kollaborierenden Vichy-Regierung im Süden, in der sich auch Flüchtlinge vor den Nazis aufhalten. Daraufhin macht sich bei den Lagerkommandanten von Gurs Verunsicherung breit, zumal das Lager von deutschen Panzern umringt ist – und einige der dort gefangenen Frauen nutzen die Gunst der Stunde. Im Lagerbüro besorgen sie sich Entlassungsformulare, um sich beim Verlassen des Lagers und danach in der bürgerlichen Welt ausweisen zu können. Am vereinbarten Morgen verlassen sie – ohne jeglichen Einspruch der Wachleute – das Lager. Hannah ist eine von ihnen.

Unweit des Ortes Montauban hat Charlotte Klenbort ein Haus gemietet, und Hannah legt die zweihundertfünfzig Kilometer von Gurs dorthin zu Fuß zurück. Charlotte bietet ihr selbstverständlich Aufnahme, so dass Hannah sich von den Strapazen des Lagers erholen kann. Der Bürgermeister von Montauban ist ein mutiger Mann. Er stellt den Flüchtlingen Wohnraum zur Verfügung, und der Ort wird zu einem Treffpunkt für Menschen auf der Flucht, die Lebensmittel und eine Unterkunft brauchen. Hannah hofft, bei ihren gelegentlichen Fahrten mit Charlotte nach Montauban etwas über das Verbleiben von Heinrich herauszufinden. Eines Tages laufen sich die beiden Liebenden unerwartet auf der Hauptstraße der Stadt in die Arme. Heinrichs Lager ist nach der Ankunft deutscher Truppen in Paris evakuiert worden. Die beiden suchen sich eine kleine Wohnung in der Stadt und beobachten die politischen Veränderungen.

Bereits im Juli 1933 ist auf Initiative von Albert Einstein eine amerikanische Niederlassung der International Relief Association (IRA) gegründet worden, welche seit 1931 Flüchtlinge auf der ganzen Welt bei Flucht und Neubeginn unterstützt hat. Solche Hilfsmaßnahmen werden aus amerikanischer Sicht nach der militärischen Niederlage Frankreichs dringender, denn alles deutet darauf hin, dass das Flüchtlingsproblem eskaliert. In einer Vorahnung der Westoffensive wird die New Yorker Weltausstellung im April 1939 ohne Beteiligung Deutschlands eröffnet, da die Nationalsozialisten diese angeblich von Juden organisierte Veranstaltung ablehnen. Kurz nach Unterzeichnung des deutsch-französischen Waffenstillstandsabkommens berät in New York eine Gruppe liberaler Amerikaner und gleichgesinnter dort lebender Europäer darüber, was das Gebot der Stunde ist. Denn nach Artikel 19 des Waffenstillstandsabkommens sind Deutsche, die sich in Frankreich aufhalten, auf Verlangen an die Nazis auszuliefern, und Flüchtlinge sollen Frankreich allenfalls als Zwischenstopp ins Exil nutzen. Am 25. Juni 1940 treffen sich die Künstler, Museumskuratoren, Hochschulrektoren und Politiker im New Yorker Hotel Commodore zu einem Fundraising Lunch. Selbst die Präsidentengattin Eleanor Roosevelt unterstützt die Initiative. Nach dem

Modell der IRA gründen sie das Emergency Rescue Committee (ERC), das in Südfrankreich eine Rettungsmission übernehmen will. Varian Fry, ein dreiunddreißigjähriger Harvard-Absolvent mit Kenntnis vieler Sprachen und einer Vorliebe für die europäische Kultur, hat im Juli 1935 für die *New York Times* über die Ausschreitungen der Nazis gegen die Juden berichtet. So ist er hochmotiviert, als Delegierter des ERC für das heikle Unternehmen nach Marseille zu reisen, um von dort Flüchtlinge außer Landes zu bringen. Am 4. August 1940 fliegt er nach Portugal und gelangt von Lissabon aus nach Marseille, im Gepäck eine Liste von etwa zweihundert besonders gefährdeten Künstlern und Intellektuellen. Die amerikanische Regierung hat für Kunstschaffende, Intellektuelle und politisch Verfolgte *emergency visitor visas* ausgestellt, die er bei sich trägt. Für seinen Geheimauftrag richtet er sich im Hotel Splendide ein, rekrutiert eine Gruppe von Helfern, mit denen er ein Netzwerk aufbaut – gegen den Widerstand der Franzosen und oft auch gegen die eher defensiven amerikanischen Behörden. Noch wollen die Vereinigten Staaten im Zweiten Weltkrieg neutral bleiben.

Fry verfolgt das Ziel, den Flüchtlingen zu einer illegalen Ausreise aus Frankreich nach Spanien zu verhelfen. Wer Fluchthilfe braucht, findet sich zu einem Gespräch mit ihm in einem der zahlreichen Cafés ein, wo eine gewisse Anonymität Schutz bietet. Bald hat sich Frys Fluchthilfe so sehr herumgesprochen, dass er ein Büro anmietet, um seinen Einsatz zu organisieren. Nach außen hin sieht es so aus, als versorge er die Flüchtlinge mit Kleidung und Nahrungsmitteln. Aber die eigentliche Hilfe besteht darin, Menschen wie Hannah Arendt und Heinrich Blücher mit falschen Pässen auszustatten, die in seinem Büro produziert werden, und sie auf der sogenannten F-Route – benannt nach der Fluchthelferin Lisa Fittko – über die Pyrenäen nach Spanien zu begleiten. Diese Odyssee währt dreizehn Monate, in denen Fry etwa 2000 Flüchtlinge über die grüne Grenze bringt und manche von ihnen noch bis Lissabon eskortiert, ehe ihm die Polizei von Marseille vorwirft, dass er Juden und Anti-Nazis illegalen Schutz gewähre, und ihn des Landes verweist. Hannah und Heinrich erhalten Affidavits von Günther Stern, der den beiden damit den Start in ein neues Leben ermöglicht. Hannah telegrafiert ihm am Tag nach ihrer Ankunft in New York: »SIND GERETTET WOHNEN 317 WEST 95 = HANNAH.«[14] Verglichen mit ihren Pariser Verhältnissen, fühlen sie sich hier luxuriös untergebracht, wenngleich Hab und Gut auf der Flucht verloren gegangen sind.

In der neuen Welt müssen sie zunächst die Landessprache erlernen. Hannah hat im humanistischen Gymnasium kein Englisch gelernt, daher nimmt sie zwei Monate nach der Ankunft in New York eine Stelle als Au-pair-Mädchen bei dem Ehepaar Giduz in Winchester, Massachusetts, an und lernt bei ihren

Gasteltern nicht nur die Sprache ihrer neuen Welt, sondern auch viel über den American Way of Life. Nach Heinrich sehnt sie sich in diesen Monaten – »ich bin ganz allein und so schrecklich verzweifelt und verängstigt«.[15] Immerhin beherrscht sie die amerikanische Sprache bald so gut, dass sie auf Englisch schreiben und veröffentlichen kann und zunehmend in beiden Sprachen und Kulturen zu Hause ist. Heinrich ist weniger konsequent, denn er fühlt sich seiner Sprache beraubt und meint etwas selbstgefällig, man habe ihm seine Stradivari gestohlen und nun müsse er mit einer Bierfiedel vorliebnehmen. Immerhin lässt er Hannah wissen, dass es mit dem Englischen gar nicht schlecht gehe.[16]

In New York leben zu dem Zeitpunkt über zwei Millionen Juden, viele von ihnen Flüchtlinge aus Nazideutschland. Hannah und Heinrich ist die Einreise noch rechtzeitig gelungen. Mit dem Kriegseintritt der Amerikaner im Dezember 1941 ändert sich die Situation für sie als Flüchtlinge allerdings. Am 14. Januar 1942 ordnet Präsident Roosevelt an, dass deutsch-jüdische Immigranten sich als *alien enemies*, feindliche Ausländer, registrieren müssen.[17] Hannah und Heinrich gehören als ausgebürgerte Juden, die als ehemals deutsche Staatsbürger noch keine andere Staatsbürgerschaft angenommen haben, zu dieser Gruppe. Im *Aufbau*, einem zweisprachigen Wochenmagazin für deutsch-jüdische Emigranten, verfolgen sie, wie sich die Lage auf ihrer Seite des Atlantiks und in Europa entwickelt. Bereits seit September 1941 schreibt Hannah erste Beiträge für diese Zeitschrift, bald ist sie feste Mitarbeiterin mit einer alle zwei Wochen erscheinenden eigenen Kolumne – eine willkommene Einnahmequelle für den Lebensunterhalt der Familie Blücher.

Hannah hat ja schon früh begonnen, ihr Fremdsein zu reflektieren. Zehn Jahre nach der Flucht von Berlin über Prag nach Paris und knapp zwei Jahre nach der zweiten Flucht von Paris über Marseille und Lissabon nach New York veröffentlicht sie in der Januar-Ausgabe 1943 der amerikanisch-jüdischen Zeitschrift *Menorah Journal* einen provozierenden Text über ihrer beider Flüchtlingserfahrung, »We Refugees«[18], in dem es lakonisch heißt: »Also legen wir großen Optimismus an den Tag.« Immer wieder hat dieses schillernde Lebensmotto Hannah und Heinrich geholfen, dem Schicksal zu trotzen und auf der Flucht ihre Würde zu bewahren. Mit der Präzision der politischen Philosophin vermag sie diesen Optimismus als tragische Strategie zu enthüllen. »Wir haben unser Zuhause und damit die Vertrautheit des Alltags verloren. Wir haben unseren Beruf verloren und damit das Vertrauen eingebüßt, in dieser Welt irgendwie von Nutzen zu sein. Wir haben unsere Sprache verloren und mit ihr die Natürlichkeit unserer Reaktionen, die Einfachheit unserer Gebärden und den ungezwungenen Ausdruck unserer Gefühle. Wir haben unsere Verwandten in den polnischen Ghettos zurückgelassen, unsere besten Freunde sind in den Konzentrationslagern umgebracht worden, und das bedeutet den Zusammenbruch unserer privaten Welt.«[19] In erschütternder Authentizität kristallisieren sich Verluste, Kampf und trotziger Überlebenswille, die sie beide wie viele ihrer Freunde von Europa in die neue Welt gebracht haben. Sie beschreibt die verzweifelte Suche des Flüchtlings nach einer neuen Identität, nachdem sich die alte aufgelöst hat. Nach der Ankunft in einem neuen Lebenszusammenhang sind Flüchtlinge ohne Staatsbürgerschaft zunächst rechtlos, schutzlos und nirgends zugehörig. Zugleich schöpfen sie als Einwanderer oder Neuankömmlinge Hoffnung, um an eine Zukunft glauben zu können. Doch nichts davon kann ein Heimatgefühl im Exil vermitteln, zumal, so Arendt, sich die Bedeutung des Begriffs *Flüchtling* gewandelt hat. Während man früher den Flüchtling für einen Menschen hielt, der sich etwas hat zuschulden kommen lassen, wird in den 30er und 40er Jahren des 20. Jahrhunderts – und unverändert im 21. Jahrhundert – als Flüchtling bezeichnet, wer mittellos in einem fremden Land ankommt. Diese Veränderung macht den Flüchtling zu einem rechtlosen Menschen. Paradoxerweise geben die jüdischen Flüchtlinge vor, freiwillig ihre Heimat verlassen zu haben und eine neue Existenz aufbauen zu wollen, obgleich die alte Heimat ihnen als Juden bereits die Zugehörigkeit verweigert hat, so rastlos sie sich auch bemühen, sich anzupassen – wie Arendts exemplarischer Herr Cohn. An den geflüchteten Juden beobachtet Arendt, wie bei verzweifelten Bemühungen um Assimilation jegliches Selbstwertgefühl verloren geht: »Unsere Identität wechselt so häufig, dass keiner herausfinden kann, wer wir eigentlich sind.«[20] Geschickte Anpassung soll zur Anerkennung als Mitbürger beitragen. Doch dies erweist sich als vergebliche Mühe, denn auch nach der Flucht sind sie Juden. Unermüdlich versuchen die Geflüchteten, ihre Identität zu verändern, in der Hoffnung, die Gemeinschaft werde ihnen Werte und sinnvolle Beziehungen gewährleisten, wenn sie sich anpassen. Das solidarische »Wir« des Textes betont das gemeinschaftliche Schicksal, ehe es in ein sehr persönliches »Ich« übergeht: »Ich spreche hier von unliebsamen Tatsachen.«[21] Die eigene Erfahrung verleiht dem Essay die Kraft, die Probleme des Flüchtlingsdaseins zu benennen. Hannah und Heinrich sind zwar angekommen in der neuen Welt, von der sie sich demokratische Freiheit und Sicherheit versprechen, aber Flucht, Exil und Sprachlosigkeit müssen verarbeitet werden. Der Essay markiert einen Wendepunkt in Hannahs und Heinrichs Denken und Handeln: Künftig werden Hannahs politische Analysen und Heinrichs akademische Lehre ihnen den lebensnotwendigen Optimismus erhalten. Vor allem werden sie verantwortlich an ihrer neuen Welt beteiligt sein und ihren Zeitgenossen – und der Nachwelt – Denkwege aufzeigen. In ihrem Meisterwerk *Elemen-*

te und Ursprünge totaler Herrschaft (1951, dt. 1955) wird sie der komplexen Problematik des modernen staatenlosen, rechtlosen Flüchtlings weiter nachgehen. Vor allem der Verlust an politischer Teilhabe, den Ausschluss von der Gemeinschaft erkennt sie als die schwerste Konsequenz.[22]

Der Essay von 1943 sowie Arendts Ausführungen zur Flüchtlings- und Menschenrechtsthematik in *Elemente und Ursprünge* haben bis zum heutigen Tag nicht an Relevanz verloren, wenn man an die Flüchtlingsströme der Jahre nach 2015 denkt, als Bundeskanzlerin Angela Merkel so zuversichtlich verkündete: »Wir schaffen das.« Aus diesem Satz spricht ein Optimismus, hinter dem die eigentliche menschliche Katastrophe verschwindet. Arendt hingegen reflektiert um des eigenen Überlebens willen grundsätzlich darüber, wo die Menschenrechte von Geflüchteten bleiben und warum sie für Menschen ohne Staatsbürgerschaft nicht einklagbar sind. Solche provokanten Fragen weisen voraus auf die heutige Debatte um Menschenrechte der Migranten und um inter- oder transkulturelle Prozesse.[23] Nicht nur in der Wissenschaft, auch in Kunst und Literatur setzt sich der Diskurs fort, den Hannah und Heinrich in über dreißig Ehejahren pflegen. Beide überlassen es nicht anderen, ihre eigene Fremdheit zu definieren. Wollte man diese selbstbestimmte Identitätssuche und beider historisch fundiertes politisches Denken auf die Debatten um *political correctness* oder *affirmative action* oder auf *gender* und *LGBT* übertragen und so in die Gegenwart des 21. Jahrhunderts holen, müsste man zweifellos in jedem einzelnen Fall genauer hinsehen und zuhören, müsste Widersprüche aushalten und die Frage stellen, wie sie beide eventuell Stellung gegen den Trend beziehen würden.

Die Beantragung der amerikanischen Staatsbürgerschaft bedeutet für die Eheleute das Ende des Flüchtlingsdaseins. Intellektuell haben sie sich mit dem Verlust ihrer Heimat auseinandergesetzt, indem sie der Frage der Nationalstaaten nachgegangen sind. Nun aber bedeutet es eine reale Lebensveränderung: Hannah Arendt wird am 10. Dezember 1951 die amerikanische Staatsbürgerschaft verliehen, Heinrich Blücher acht Monate später, am 7. August 1952. Vier Tage danach schreibt er aus New York, während sie in Zürich weilt: »Liebste, eingeschworen bin ich nun, und auch das Papier wird ja in einigen Tagen ankommen, und damit ist dann die papierlose, die schreckliche Zeit innerhalb dieses noch schrecklicheren Zeitalters des Papiers erst mal bis zum nächsten Mal vorüber. Morgen bezahle ich den Anwalt und vergesse die ganze Sache.«[24] Bemerkenswert ist, wie er sich in einem privaten Brief stilisiert – »eingeschworen« statt »eingebürgert« sagt jemand, der doch immer ein Skeptiker, vor allem gegenüber dem »Zeitalter des Papiers« und dessen Strukturen sein will. Auch wenn es ironisch oder selbstironisch gemeint ist, klingt Heinrich doch theatralisch – das Rollenspiel gehört für ihn immer dazu. Das Zeitalter des Papiers nennt er in seiner Vorlesung am Bard College skeptisch das zweite prometheische Zeitalter, das die Kreativität des Menschen gefährde. Dennoch überwiegt für beide die Erleichterung, nach Jahren der Staaten- und Rechtlosigkeit nun Bürger einer demokratischen Nation zu sein.

Der Wunsch nach Gerechtigkeit wird dadurch keineswegs gestillt. So werden sie auch in eigener Sache aktiv. 1956 beantragen sie zeitgleich und in getrennten Verfahren Entschädigung für die fluchtbedingt entgangenen Einkünfte aus beruflicher Tätigkeit. Wegen Hannahs Flucht wird die als Habilitation gedachte Arbeit über Rahel Varnhagen erst 1957 veröffentlicht – da ist es für eine akademische Laufbahn in Deutschland längst zu spät. Beide klagen wegen Freiheitsberaubung, Ausfall beruflicher Tätigkeit, Kosten für die Ausreise, Verlust der hinterlassenen Güter. Für die Reisekosten und auch den Verlust von Büchern und Möbeln werden geringe Entschädigungsbeträge ermittelt, als wesentlicher Verlust wird der »Schaden im beruflichen Fortkommen« anerkannt. Freunde und Professoren-Kollegen wie Karl Jaspers, Hans Jonas, Paul Tillich und Benno von Wiese erklären an Eides statt, dass Hannah Arendt eine glänzende Karriere bevorgestanden hätte, wenn nicht die politischen Ereignisse dazwischengekommen wären. Für Heinrich versichern Robert Gilbert, sein jüdischer Freund und Musikerkollege, und seine vorherige Ehefrau Natascha Moch, geborene Jefroikyn, dass Heinrich wegen Fluchthilfe gefährdet war und Deutschland verlassen musste. Insgesamt wird dem Ehepaar Blücher im Vergleichswege jeweils die Höchstsumme der Entschädigung gewährt, Hannah 45 000 DM, Heinrich 40 000 DM.[25] Hannah scheint mit diesem Vergleich durchaus zufrieden.[26]

1959 stellt Hannah einen Antrag auf Entschädigung ihres im Pariser Exil verlorenen Hausrats, der jedoch abgelehnt wird, da diese Verluste in Frankreich geschehen sind. Auch ein Ausgleich für die Verhaftung in den französischen Lagern wird abgelehnt. Aber das erlittene Unrecht lässt sie nicht zur Ruhe kommen. 1967 macht sie beim Bundesverfassungsgericht ihre Ansprüche auf Wiedergutmachung geltend. Ihre Flucht und das erlittene nationalsozialistische Unrecht hat sie an einer akademischen Laufbahn in Deutschland gehindert, so dass sie daraus bisher keine Ansprüche hat. Vier Jahre dauert das Verfahren, bis am 4. November 1971 der Verfassungsklage von Prof. Dr. Hannah Arendt-Blücher stattgegeben wird[27]. Rückwirkend werden ihr die »Rechtsstellung eines ordentlichen Professors« zugesprochen sowie die entgangenen Einkünfte von mehr als einer halben Million DM. Ähnlich gelagerte Ansprüche werden fortan leichter durchsetzbar – das Urteil des Bundesverfassungsgerichts geht als »Lex Arendt« in die Rechtsgeschichte ein.[28] Auch wenn Hannah soziale oder finanzielle Anerkennung nicht unbedingt braucht, setzt sie mit ihrem ausgeprägten Sinn für Gerechtigkeit ein Zeichen und schafft einen juristischen Präzedenzfall.

KAPITEL 3

Die Anfänge – *Kindheit und Jugend in Ostpreußen und Berlin*

Hannah und Heinrich legen beide wenig Wert auf autobiografische Bekenntnisse. Im Gegenteil definieren sie sich eher indirekt oder ex negativo: Für nicht parvenühaft halten sie sich, nicht wirklich zur »Familie« der Intellektuellen gehörig, was so viel heißt wie nicht bürgerlich und unkonventionell. Für beide gehört zur Überlebensstrategie auch, so manche Spur zu löschen. Er ist geschickt darin, sich zu verstellen, das hat er durch seine politische Arbeit gelernt. Sie weist empört zurück, für eine Philosophin gehalten zu werden. »Ja, ich fürchte, ich muss erst einmal protestieren. Ich gehöre nicht in den Kreis der Philosophen. Mein Beruf – wenn man davon überhaupt sprechen kann – ist politische Theorie. Ich fühle mich keineswegs als Philosophin.«[1] Sie ist zwar Theoretikerin, aber vor allem sieht sie sich als Frau der Tat, und entsprechend handelt sie. Heinrich besteht darauf, dass er kein Talent zum Schreiben habe, obgleich seine hastige Schrift in schier endlosen Briefen an sie und auch seine in den 40er Jahren verfassten Texte über den Nationalsozialismus beweisen, dass er sehr wohl zu schreiben vermag. Er verlässt sich lieber auf seine rhetorische Gabe, die ihn zu einem charismatischen Lehrer und Redner macht. Mit dieser Ablehnung von Zuschreibungen sind sie sich einig, daraus schöpfen sie Energie für Widerstand und suggestiven Einfluss auf andere. Sie denkt immer unabhängig – und legt es darauf an, missverstanden zu werden. Er prüft die Geistesgeschichte auf ihren Wahrheitsgehalt, indem er im Gespräch alles hinterfragt. Insofern ist ihrer beider Persönlichkeit geprägt von Selbstbefragung und immer neuer, auch im Dialog entwickelter Standortbestimmung.

Hannah ist geprägt vom Heranwachsen in einem gutbürgerlichen, assimiliert jüdischen Milieu und dem frühen Verlust des Vaters, während Heinrichs Stil durch Kindheit und Jugend mit einer alleinerziehenden Mutter in einfachen Verhältnissen bestimmt wird.

Hannahs Eltern Martha und Paul Arendt haben ihre Wurzeln in Königsberg, doch als die Tochter am 14. Oktober 1906 geboren wird, lebt das Ehepaar in Linden, einem inzwischen eingemeindeten Vorort von Hannover. Dort hat der Vater, Diplomingenieur von der Ausbildung her, eine Anstellung in einer Elektrofirma, wenngleich sein eigentliches Interesse seiner umfangreichen Bibliothek gilt. Martha Arendt hat drei Jahre in Paris Französisch und Musik studiert, sie ist wie ihr Mann gebildet, weit gereist und zudem sozialistisch eingestellt. Auch führt sie – wie Hannahs spätere Heldin Rahel Varnhagen – einen Salon.

Kurz nach der Geburt von Hannah beginnt sie, unter dem Titel *Unser Kind* eine Art Tagebuch zu führen, in dem sie mit distanzierter Genauigkeit und Sorgfalt die körperliche und seelische Entwicklung ihrer Tochter festhält. Entsprechend dem Zeitgeist und den damaligen wissenschaftlichen Beobachtungen frühkindlicher Entwicklung dokumentiert sie zehn Jahre lang, was ihr erstaunlich und bemerkenswert erscheint, und gelegentlich springt auch der Vater als Protokollant ein. Die stolze Mutter bedauert, dass ihre gut aussehende und intelligente Tochter so ganz anders gerät als sie selber: »Künstlerische Begabung scheint mir in keiner Hinsicht da zu sein, auch keine manuelle Geschicklichkeit, wohl aber eine intellektuelle Frühreife und vielleicht auch Befähigung. Es ist zum Beispiel Ortssinn, Gedächtnis und scharfe Beobachtung da, vor allem aber ein glühendes Interesse für Buchstaben und Bücher. So liest sie ohne Anleitung schon jetzt mit 4 Jahren alle Buchstaben und Zahlen, nur durch Fragen, auf der Straße und sonstwo.«[2] Und wenig später bemerkt sie, dass die Fünfjährige nun lesen und auf ihre eigene Art schreiben kann. Davon abgesehen liebt Hannah die Geschichten, die der Großvater erzählt. Ihr auffallend intellektuelles Talent wird durch die Familie und bald schon durch die traurigen familiären Umstände befördert: Nach dem Tod des Großvaters, des Vaters und weiterer Familienangehöriger zieht sie sich erst einmal in ihre geistige Welt zurück.

1911 kehrt die junge Familie wegen der sich verschlechternden Gesundheit des Vaters zurück nach Königsberg, das sich Hannahs Erinnerungen nun deutlich einprägt. In dem Fernsehgespräch mit Günter Gaus blickt sie folgendermaßen zurück: »Ich komme aus einer alten Königsberger Familie. Trotzdem, das Wort ›Jude‹ ist bei uns nie gefallen, als ich ein kleines Kind war.«[3] Dennoch sieht sie sich schon als Kind damit konfrontiert: Als sie von einem Mitschüler als Jüdin angeraunzt wird, reagiert sie zuerst naiv. Die Kinder wissen beide nicht, noch nicht, was sie mit diesem Etikett im Leben vor sich haben. Als Hannah zu Hause von diesem wunderlichen Vorfall berichtet, erklärt ihr die Mutter, sie müsse stolz sein, eine Jüdin zu sein. Sie lernt auch, dass man sich gegebenenfalls wehren muss. Wenn Hannah von antisemitischen Äußerungen seitens eines Lehrers berichtet, schreibt die Mutter einen Beschwerdebrief an die Schulleitung. Vermutlich führen diese frühen Erfahrungen mit Rassismus dazu, dass Arendt sich zu den Ausschreitungen in Little Rock, Arkansas, äußert.[4] Dass schwarze Eltern ihre Kinder zusammen mit weißen Kindern in die Schule schicken wollen, dass die Eisenhower-Regierung die Abschaffung der Segregation an öffentlichen Schulen militärisch erzwingen will, leuchtet ihr nicht ein. Allerdings erstaunt vor dem Hintergrund jener Kindheitserinnerungen ihr Unverständnis für die Aktionen der US-amerikanischen Menschenrechtsbewegung, und sie scheint sich selber ihrer kritischen

»Überlegungen zu Little Rock« nicht so ganz sicher gewesen zu sein. Nachdem sie Ralph Waldo Ellisons Darstellung der komplexen Situation zur Kenntnis nehmen musste, revidiert sie ihre Meinung. Arendt habe mit ihrem Aufsatz so ungeheuer danebengelegen, meint Ellison, weil sie den schwarzen Eltern vorwarf, sie instrumentalisierten ihre Kinder für den Kampf gegen die Rassentrennung in den Schulen, während sie keine Ahnung habe, was jene Eltern eigentlich motivierte.[5] In einem Brief an Ralph Waldo Ellison gibt sie ihr Unverständnis zu und gesteht: »Aber ich wusste immer, dass ich irgendwie falsch lag, und hatte das Gefühl, ich hatte die nackte Gewalt, die elementare körperliche Angst nicht begriffen.«[6] Die Parallele der Schwarzen in einer vornehmlich weißen Gesellschaft zu den Juden in einer antisemitischen Gesellschaft springt ihr wohl nicht ins Auge.[7] Der Brief ist allerdings nicht die erste Begegnung von Hannah Arendt und Ralph Waldo Ellison. Beide waren am 1. April 1964 zu einem Dinner geladen, bei dem sie zusammen mit anderen Künstlern in die American Academy of Arts and Letters aufgenommen wurden. Insofern mag es sich bei dem Brief um die Fortsetzung eines Gesprächs handeln und weniger um eine öffentliche Stellungnahme.

Im Freundeskreis der Eltern in Königsberg versammeln sich vornehmlich assimilierte Juden, Ärzte, Rechtsanwälte, Musiker, Pädagogen. Frauen sind bis zum Geburtsjahr von Hannah Arendt nicht an der berühmten Albertina, der Albertus-Universität Königsberg, zugelassen. Allerdings prägen, wenn wir Arendts Biografin Elisabeth Young-Bruehl folgen, Literatinnen, Künstlerinnen und Musikerinnen das Kulturleben: »... in Königsberg gab es literarische Zirkel, Kammermusikgruppen und politische Organisationen, in denen die Frauen vorherrschten.«[8] In diesem von Frauen mitbestimmten Milieu wächst Hannah auf, unterstützt von einer Mutter, die auf Zivilcourage größten Wert legt und eine gute Ausbildung ihrer Tochter für selbstverständlich hält. Hier noch einmal Arendts Erinnerung: »Ich wusste zum Beispiel als Kind – als etwas älteres Kind jetzt –, dass ich jüdisch aussehe. Das heißt, dass ich anders aussehe als die anderen. Das war mir sehr bewusst. Aber nicht in der Form einer Minderwertigkeit; sondern das war eben so. Und dann, meine Mutter, mein Elternhaus sozusagen, war ein bisschen anders, als es gewöhnlich ist ... Sehen Sie, der Antisemitismus ist allen jüdischen Kindern begegnet. Und er hat die Seelen vieler Kinder vergiftet. Der Unterschied bei uns war, dass meine Mutter immer auf dem Standpunkt stand: Man darf sich nicht ducken! Man muss sich wehren!«[9] Sie fühlt sich nicht primär als Deutsche, sondern als Jüdin, deren Lebensweg vom deutschen Bildungsgut bestimmt ist. Königsberg ist eine kulturell anregende Stadt: Theateraufführungen, Lesungen, Ausstellungen, von der Ortsgruppe des Goethebundes veranstaltet, bieten ein vielseitiges künstlerisches

Programm. Zudem gibt es den Buchhändler Rudolf Haffke, der zu Lesungen in seiner *Bücherstube* in der Großen Schlossteichstraße einlädt. Das Musikleben der Stadt hinterlässt wohl weniger Eindruck bei Hannah, obgleich im großen Saal der Stadthalle viele bedeutende Gesangs- und Instrumentalsolisten der Zeit auftreten, wenn sie auf dem Weg nach St. Petersburg in Königsberg Station machen.

Im Oktober 1913 stirbt der Vater, die siebenjährige Hannah scheint davon – nach dem Eindruck der Mutter – unberührt. Vielleicht ist hier schon die Einsicht angelegt, dass es kreative Wege aus den Sorgen geben muss. Allerdings vergehen noch einige Jahre, in denen Trauer und Schmerz verdrängt werden, ehe Hannah sich aufs Geschichtenerzählen verlegt und auf diese Weise diesen Kummer zum Ausdruck bringt, vor allem mit der Lebensgeschichte ihrer Vorgängerin Rahel Varnhagen von Ense. Von 1929 bis 1933 befasst sie sich mit Briefen und Tagebüchern der Rahel und begegnet narrativ jener Jüdin, die sich wie sie selber der Assimilation verweigerte – beide fanden ihre eigenen Wege, sich nicht um der Anerkennung willen der Gesellschaft anzupassen. In der Lebensgeschichte ihrer »besten Freundin« findet sie die »nie nachlassende Wachheit und Schmerzfähigkeit, um treffbar und bewusst zu bleiben«[10], und ebendiese Sensibilität und Dringlichkeit faszinieren Hannah. Selbst wenn sie mit dem Rahel-Buch »einen Beitrag zur Geschichte der deutschen Juden«[11] leisten möchte, so darf man diese Studie wohl auch als eine Art Selbstexploration und Selbstvergewisserung lesen, lebt Hannah doch zu dem Zeitpunkt in einem zunehmend antisemitischen Deutschland und sucht ihren Platz auf der Welt.

»Ohne Kulisse kann der Mensch nicht leben. Die Welt, die Gesellschaft ist nur zu bereit, sofort eine andere zu stellen, hat man erst einmal die natürliche und durch Geburt mitgegebene in die Rumpelkammer zu werfen gewagt.«[12] Für Hannah ist die Kulisse wohl die frühe Kindheit, in der sie im Umkreis des Elternhauses ein gesellschaftliches oder auch kulturelles Umfeld erlebt hat, in dem Anpassung eine Gegebenheit war. »Denn sonst, in jedem alltäglichen Umgang, in jeder gewöhnlichen Umgebung ist es kein Spaß, als Ausnahme herumzulaufen, noch dazu, wenn man sich getrennt hat von der dunklen Volkskulisse, sich der Herablassung schämt und den billigen Dünkel der ›aufgeklärten‹ Juden gegen die ›zurückgebliebenen Glaubensbrüder‹ verachtet. Ganz allein mit dem Makel behaftet in die Gesellschaft zu kommen als eine ihrer letzten, ist viel schlimmer, als draußen zu bleiben und auf bessere Bedingungen zu hoffen. Ganz allein immer etwas Besonderes darstellen zu müssen, zur Legitimierung der nackten Existenz, ist bis zur Aufzehrung der Kräfte anstrengend.«[13] Beide Frauen ließen sich in gewisser Weise auf ihr Paria-Sein ein – mit allen persönlichen und politisch-historischen Konsequenzen. Doch existentieller als Rahel erfährt Hannah, dass die Gesellschaft selbst die assimilierten Juden nie anerkennen wird, ganz im Gegenteil.

Die Macht der Sprache, Wirklichkeit zu erschaffen, geht über das Biografische hinaus. Das Erzählverfahren aus der Sicht ihrer Protagonistin – und nicht etwa ein für eine Habilitationsschrift üblicher akademischer Stil – weist schon voraus auf die Lebensaufgabe der Autorin, wie Jana V. Schmidt zusammenfasst: »Über das Schicksal – und Staunen – der Rahel erlernt Hannah Arendt das Urteilen und besonders die urteilende Sprache.«[14] Dieses Forschungsprojekt weist bereits eine Gemeinsamkeit mit ihrem späteren Ehemann Heinrich auf: mit der Urteilskraft die notwendigen unvorhersehbaren Neuanfänge zu bewältigen.

Der sieben Jahre ältere Heinrich findet eine ganz andere Art, über seinen Lebensweg Auskunft zu geben und sich damit zugleich seiner selbst zu vergewissern. Ohne literarische Umwege legt er für die Entschädigungsbehörde die »Beschreibung eines durchschnittlichen Lebens« vor, in die er folgendermaßen einführt: »Auch ein durchschnittlicher Lebenslauf kann hier und da einmal von Interesse werden, unter zwei Bedingungen: erstens, dass das Leben bewusst als ein durchschnittliches geführt wurde, das heisst, getrieben war von der ständigen Neugier, die durchschnittlichen Verhältnisse, Menschen und Umstände, der Zeit und des Landes genau kennen zu lernen; und zweitens, dass das Leben zufällig in eine Zeit fällt, in der die durchschnittlichen Menschen von grossen Umwandlungen bis in ihre einfachen Lebensbedingungen hinein getroffen werden.«[15] Auch er ist ein Geschichtenerzähler, der seinen Lebenslauf als eine exemplarische Erfahrung stilisiert, und man darf wohl davon ausgehen, dass sich hier Dichtung und Wahrheit vermischen. Dabei scheint das Zufällige ihm wichtig zu sein, offenbar ein Schicksal, dessen Unabwendbarkeit er immer wieder Kraft und Lebenslust abtrotzt. Wo Hannah eine historische Spurensuche treibt, mythologisiert er Herkunft und Heranwachsen auf seine Weise.

Der Junge kommt im Januar 1899 in Berlin zur Welt, und da der Vater vier Monate vor seiner Geburt bei einem Fabrikunfall verstorben ist, wächst er bei seiner Mutter, einer Wäscherin, in einfachen Verhältnissen auf und verbringt auch Zeit bei Verwandten in Potsdam. Gemessen an den ärmlichen Verhältnissen, in denen Mutter und Sohn in Berlin-Kreuzberg leben, muss ihm das Leben der Verwandten wohlhabend erschienen sein. Damals heißt der Kiez noch Luisenstadt, und angesichts der bescheidenen Mittel werden sie in einer Mietskaserne gewohnt haben, vier bis sechs Stockwerke, die, quadratisch um einen Innenhof angelegt, auch für Handwerksbetriebe Platz bieten – laut, schmutzig, unhygienisch, armselig. Neben der Schule unterstützt der Junge seine Mutter, indem er für sie Lieferungen zu den Kunden austrägt. Vielleicht fallen ihm dabei in der Leipziger Straße die verlockenden Auslagen in den Geschäften ins Auge. Der Weg wird auch an Tanzbars und Nachtlokalen vorbeigeführt haben, und dem Heranwachsenden kann nicht entgangen sein, dass Prostituierte um den Alexanderplatz oder an der Friedrichstraße sogar tagsüber nach Kunden Ausschau halten. Als Schulkind sieht er gewiss gelegentlich, wie die Berliner Spalier stehen, um den Kaiser bei einem Ausritt oder in seinem feschen Wagen zu bewundern oder eine Parade mit dem Gardecorps mitzufeiern. Am Wochenende besuchen Mutter und Sohn gern die Familie der Schwester von Klara Blücher in Wallitz, etwa 100 km nördlich von Berlin, wo es eher bäuerlich zugeht, aber immerhin gibt es hier Platz und Luft und ein Gefühl von Freiheit. Dieses Kontrastprogramm wird das aufgeweckte Schulkind zum Nachdenken angeregt und in ihm vielleicht eine Leichtigkeit des Seins geweckt haben.

Mit einem Begabtenstipendium kann Heinrich in Striegau im ehemaligen Schlesien ein Internat besuchen. Danach beginnt er in Reichenbach in der Oberlausitz eine Ausbildung am Lehrerseminar, um, ganz seinen Interessen entsprechend, Geschichtslehrer zu werden. Vom Besuch der höheren Schule und der Lehrerausbildung bleibt wesentlich die »preussisch-deutsche Geschichtslegende« in Erinnerung, die den Heranwachsenden umtreibt und seinen politischen Geist weckt. In der Schulzeit lernt er vor allem dank seiner Wissbegier und seinem Interesse an Büchern, als junger Mann hat er sich wohl gern Vorträge und Universitätsvorlesungen angehört, wo genau und in welchem Umfang ist allerdings nicht belegt.[16] Seine vielseitigen Kenntnisse in Literatur und politischer Theorie bereiten ihn auf die Begegnung mit der gebildeten Hannah vor. Wenn Blücher in seinem Lebensbericht den Großstadt-Kontext »parvenuhaft« nennt, lässt sich leicht ihr Sprachgebrauch und ihre – von Max Weber abgeleitete – Gegenüberstellung von Paria und Parvenu erkennen. Ganz klar distanziert er sich wie Arendt – alias Rahel – vom Parvenu und steht zum Paria-Dasein, welches entsprechende Energien zu politischem Aufbegehren freisetzen wird. Im Rückblick scheint dem Autor aus der Begegnung mit derart unterschiedlichen Bevölkerungsgruppen und Stimmungen seine »soziale Neugierde« zu erwachsen. Dass er retrospektiv den Lehrer, den Pastor und all die anderen Menschen auf dem Lande als »soziale Funktionäre« bezeichnet, hat mit dem Vokabular eines marxistisch-kommunistisch geschulten Erwachsenen zu tun, der meint, schon in der Volksschule die Klassenunterschiede ausgemacht zu haben.

Doch dann kommt der Weltkrieg dazwischen, 1917 wird er zum Wehrdienst eingezogen und als Funker eingesetzt. Im Krieg erlernt er Fähigkeiten und Militärkenntnisse, die ihm bei seiner politischen Arbeit zugutekommen werden. Die letzten Kriegsmonate mit Soldaten- und Arbeiterräten müssen den an sozialen

Fragen Interessierten fasziniert haben. Ende 1918 tritt er der neu gegründeten KPD bei, der er bis 1921 und dann wieder seit 1924 angehört. Inwieweit er im Rahmen seiner Parteiarbeit nachrichtendienstlich für Moskau tätig wird, bleibt unklar. Dass in seinem Lebenslauf von alldem nicht die Rede ist, sondern vielmehr von einer vielseitigen Tätigkeit als Redakteur für eine Nachrichtenagentur, versteht sich durch den Verwendungszweck dieses Textes. Dass er tatsächlich als freier Redakteur für Zeitungen, aber auch Skripte und Songs für die Bühne sowie für Film und Hörfunk schreibt, um sich finanziell durch die Inflationsjahre zu bringen, klingt eher euphemistisch. Seine soziologischen Studien setzt er seinem Bericht zufolge dann im Kriegsdienst fort, um sich nach dem Krieg ganz seiner »Grundpassion, dem sozialen Interesse«, zu widmen. Man muss die Gratwanderung bewundern, auf der es dem Verfasser gelingt, seine revolutionäre Gesinnung als politisch verträgliches soziales Interesse zu erklären. Wie die Reportertätigkeiten sowie seine Berufserfahrungen bei Film und Hörfunk zustande kommen konnten, während Blücher doch gern seine Unfähigkeit zu schreiben betont, ist wohl dem Zweck dieses Textes und entsprechender dichterischer Freiheit zuzuordnen. Im Hinblick auf das Selbstbild scheint die Aufmerksamkeit gegenüber Privilegien beziehungsweise daraus folgender Diskriminierung ein roter Faden zu sein, der später den Stil seiner Lehre beeinflussen wird – jene fragende, zweifelnde Grundhaltung, die vom Gesprächspartner eigenständiges Denken fordert. Von seiner ursprünglichen Zugehörigkeit zur Arbeiterschicht distanziert er sich. Durch wache Beobachtung und nicht etwa durch materielle Vergünstigungen findet er seine eigenwillige Rolle. In seinen Unterlagen taucht als Berufsbezeichnung »Drahtzieher« auf, seine selbstironische Art, sich eine seinen Ambitionen und Erfahrungen entsprechende Identität zu schaffen.

Hannah steht bereits als junges Mädchen im Mittelpunkt jüdischer Intellektueller in Königsberg, wo Mutter und Tochter gemeinsam mit den Beerwalds leben. Martha hat nach dem Tod ihres Mannes den verwitweten Martin Beerwald geheiratet und ist mit Hannah bei ihm und seinen beiden Töchtern eingezogen. In ihrem Zimmer im Hause Beerwald trifft sich Hannah mit ihrem Griechisch-Zirkel und entwickelt – gestärkt durch diesen jüdischen intellektuellen Freundeskreis – ein gesundes Selbstbewusstsein. Nachdem die Fünfzehnjährige von einem Lehrer an der Schule beleidigt wurde, zettelt sie einen Boykott ihrer Mitschüler gegen dessen Unterricht an – und wird der Schule verwiesen. Letztlich kommt Hannah diese Strafmaßnahme zugute, denn durch Vermittlung ihrer Mutter kümmern sich Freunde in Berlin um sie. An der Universität besucht sie Vorlesungen und Seminare und legt 1924 – ein Jahr früher als regulär – als Externe an ihrer Königsberger Schule das Abitur ab. Schon in der Schulzeit sucht sie durch Lektüre ihre

Welt zu verstehen, liest besonders gern philosophische Bücher sowie Literatur der deutschen Klassik und Romantik. All dies findet sie in der Bibliothek des Elternhauses. Der Entschluss zum Studium der Philosophie, Evangelischen Theologie und Gräzistik in Marburg scheint nur plausibel.

In dieser Stadt versammeln sich damals später berühmte Denker der deutschen Geistesgeschichte des 20. Jahrhunderts, vor allem der fünfunddreißigjährige Martin Heidegger als Spiritus Rector, der dort sein Denken wider die philosophischen Traditionen zelebriert. In Heidelberg setzt sie ihr Studium dann bei Karl Jaspers fort, in dessen Kreis sie sich aufgehoben fühlt. Hannah entscheidet sich für ihn als Doktorvater und legt unter dem Titel *Der Liebesbegriff bei Augustin. Versuch einer philosophischen Interpretation* ihre Dissertation vor. Die Lebens- und Liebeserfahrungen der Zwanzigjährigen mögen zur Wahl des Themas beigetragen haben, mit dem sie das Private in einen philosophiehistorischen und schließlich politischen Kontext überträgt – in die »vita socialis«, wie sie den dritten Teil ihrer Doktorarbeit nennt. Außerdem liegt das Interesse an Augustin in der Luft: Man begeht dessen 1500-jähriges Jubiläum, und der mit Hannah befreundete Philosoph Hans Jonas sowie Martin Heidegger befassen sich mit dem Kirchenvater. Noch kann Jaspers nicht wissen, dass das von Hannah Arendt gewählte Verfahren, Widersprüche vorzuführen, unterschiedliche philosophische Perspektiven einzunehmen und implizit die wesentlich religiös geprägte Liebesvorstellung der westlichen Kultur kritisch darzustellen, wegweisend für die künftig einflussreiche politische Theoretikerin ist. Nebenbei zeigt die Tatsache, dass sie sich als Jüdin mit dem frühen Kirchenvater befasst, die enorme Offenheit der Studentin Hannah, die »ohne Geländer« verstehen und denken will und somit die tradierten Verfahren der Logik und der Philosophie infrage stellt. Sie sieht Augustin letztlich weniger theologisch als vielmehr weltbezogen und deutet implizit an, welch verheerende Konsequenzen eine Vorstellung transzendenter Liebe für das Gemeinwesen haben kann. Ihr Verfahren weist schon voraus auf das dialogische Prinzip, das sie später in ihrer Liebesbeziehung mit Blücher pflegen wird. Der Doktorvater, der grundsätzlich neue Ansätze in der Geisteswissenschaft willkommen heißt, scheint zu zögern, wie er das ungewöhnliche Vorgehen bewerten soll. »Weder historische noch philologische Interessen sind maßgebend. Impuls gibt letztlich wohl das Nichtgesagte: durch philosophisches Arbeiten am Gedanken möchte sich die Verfasserin ihre Freiheit von christlichen Möglichkeiten rechtfertigen, die sie zugleich anziehen. Sie sucht nicht die Systematik der Lehrstücke in einem Ganzen zu erreichen, sondern gerade ihre Unstimmigkeiten, um darin den Blick auf existentielle Ursprünge des Gedankens zu gewinnen.«[17] Obgleich er terminologische Ungenauigkeiten und fehlerhaftes Zitieren bemängelt, benotet er die »an positivem Gehalt ausgezeichnete und eindrucksvolle Arbeit« abschließend mit 2-1, wie er schreibt, »leider nicht mit der besten Note«. Am 26. November 1928 schließt sie ihr Studium mit dem Rigorosum ab, und nun öffnen sich ihr neue Horizonte.

Für die junge Akademikerin bleibt es nicht bei der Intellektualisierung von Liebe, Eros und Leidenschaft. Sie verbringt den Jahreswechsel leichten Herzens beim Maskenball einer Berliner Kommunistengruppe, und im Völkerkundemuseum trifft sie Günther Stern wieder, den sie schon im Heidegger-Seminar als genial begabten Diskutanten kennengelernt hat. Sie teilen ähnliche philosophische Standpunkte, haben einen gemeinsamen Freundeskreis und denselben jüdischen Hintergrund. Später wird von ihm noch zu sprechen sein. Während er sich fruchtlos an einer Habilitation über Musiktheorie abarbeitet, widmet Arendt sich, wie bereits erwähnt, der Romantik – gewissermaßen von den Bekenntnissen des Augustin zur Biografie als Autobiografie: »Das Leben verwandelt sich in eine nicht abreißende Folge von Kränkungen, wenn man sich selbst nicht hat akzeptieren wollen, sich selbst verleugnen will, und nur noch von außen die Fratze einem entgegenstarrt, von der Böswilligkeit der anderen entgegengehalten wird.«[18] Diese Reflexion gilt für die Autorin ebenso wie für ihre Protagonistin – desgleichen für Stern und dann auch für Blücher –, setzen sie doch den Kränkungen oder

Traumatisierungen des Lebens das erzählende Nach-Denken entgegen – und später den Dialog. Allein die Geschichte des Manuskripts reflektiert die Lebensgeschichte einer deutschen Jüdin – nun aus dem 20. Jahrhundert. Hannah Arendt erhielt als junges Mädchen von ihrer Freundin Anne Mendelssohn, auch sie aus einem jüdischen Elternhaus, eine dreibändige Ausgabe der Briefe von Rahel Varnhagen. Rahel war durch den Salon im Hause ihrer Eltern mit zahlreichen berühmten Zeitgenossen befreundet. Die Brüder Humboldt, die Brüder Tieck, Clemens Brentano und Friedrich Schlegel, Friedrich von Gentz und Prinz Louis Ferdinand von Preußen fanden sich dort ein, ähnlich wie es in Hannahs Kindheit im Salon der Mutter und später bei der »Familie« im Umkreis von Hannah Arendt und Heinrich Blücher zuging. Kurioserweise wird Arendts Varnhagen-Biografie zuerst 1957 in London in Übersetzung publiziert, ehe das Buch 1959 in der deutschen Ausgabe erscheint.

Anders als ihre »wirklich beste Freundin«, die sich ein Jahrhundert vor ihr als Falschgeborene sah und diese Paria-Existenz in ihren Tagebüchern schreibend umkreist, ist die jüdische Identität für Hannah Arendt einerseits primär akzeptiert, aber andererseits wegen des herrschenden Antisemitismus existentiell riskanter. Dennoch faszinieren sie die Erfahrungen ihrer Vorgängerin, die ihre Auseinandersetzung mit dem Judentum so bewusst und stolz dokumentiert hat. Hannah geht es nicht nur um Rahels Judentum, sondern um die Tragik des deutschen Judentums und somit um ihr eigenes kulturelles Selbstverständnis. Nachdem Arendt Karl Jaspers ein Vortragsmanuskript über Rahel geschickt und dieser darauf skeptisch reagiert hat, antwortet sie in eher vagen Formulierungen. Wenn es da heißt, »daß auf dem Boden des Judeseins eine bestimmte Möglichkeit der Existenz erwachsen *kann*, die ich in aller Vorläufigkeit andeutungsweise mit Schicksalhaftigkeit bezeichnete …«[19], wird mit jedem Wort die persönliche Unsicherheit der Autorin deutlich. Eindeutig scheint allerdings die Intention, an Rahels Schicksal das exponierte Erleben inmitten historischer Knotenpunkte exemplarisch aufzuzeigen und entsprechend ihrer eigenen Erfahrung in die Gegenwart zu holen.

Nach ihrer Flucht aus Deutschland begleitet das Rahel-Manuskript Hannah nach Paris. Dort ermutigt Walter Benjamin sie, das Buch fertigzustellen, und so ergibt es sich, dass dieses Manuskript bei dem gemeinsamen Freund Scholem landet, der es Arendt nach dem Krieg wieder zurückgibt. Andernfalls wäre es dem Manuskript vielleicht ähnlich ergangen wie den Briefen und Tagebüchern von Rahel in der Berliner Staatsbibliothek, die in den Kriegswirren verschwunden sind und Hannah Arendt nun nicht mehr zur Verfügung stehen.

Über zwanzig Jahre später haben diese Überlegungen zu Rahel von Varnhagens Judentum eine ganz neue Relevanz, denn inzwischen muss Arendt das Judesein unter dem Eindruck der Shoah existentiell anders erleben, und auch die mittlerweile etwa fünfzehn Jahre an der Seite eines Nicht-Juden mögen zur Revision ihres Buches beitragen. Noch einmal holt sie in einem Brief an Jaspers aus, um das Judentum zu erklären – ihm, sich selber, ihren Lesern? Sie hebt als den »jüdischen Typus« das Positive hervor, das sie an Rahel zu erkennen meint – und wohl auch für ihr Selbstverständnis beansprucht. Da ist »ein außerordentliches Gefühl für Ungerechtigkeiten; es gibt große Vorurteilslosigkeit und Großzügigkeit; und es gibt ... Respekt für das ›Geistige‹«[20], und all dies scheint ihr zwar markant, aber doch nicht spezifisch jüdisch. Wiederum eine nicht ganz eindeutige Vermessung der Werte, die menschlich oder ethisch, aber nicht einer Ethnie zuzuordnen sind. Was einmal mehr darauf hinweist, dass Arendt hier im Sinne ihrer Protagonistin verfährt: Sie erlaubt sich, »so weiter zu raisonnieren, wie sie es selbst tat«, demnach auch immer wieder abzugleichen, wer sie selbst ist und sein will, ohne jede Rollenzuweisung oder gesellschaftliche Kulisse.

Jahre später, 1963, kommt sie noch einmal auf ihr eigenes Judentum zurück. In einem Brief an Gershom Scholem antwortet Hannah Arendt im Kontext ihres Buches über den Eichmann-Prozess auf dessen briefliche Äußerung, er sehe sie als Angehörige des jüdischen Volkes: »Tatsache ist, dass ich nicht nur niemals so getan habe, als sei ich etwas anderes, als ich bin, ich habe niemals auch nur die Versuchung dazu verspürt. Es wäre mir vorgekommen, wie zu sagen, daß ich ein Mann sei und nicht eine Frau, also verrückt.«[21] An etwas späterer Stelle im selben Brief differenziert sie dann dieses Zugehörigkeitsgefühl, indem sie eine Liebe zu diesem Volk ablehnt, weil es Selbstbezogenheit wäre. »Ich liebe nicht mich selbst und nicht dasjenige, wovon ich weiß, dass es irgendwie zu meiner Substanz gehört.«[22] Also eine selbstverständliche kulturelle Identität, die jedoch eine Bewusstheit und Distanzierung von vereinfachten oder pauschalen Überzeugungen einschließt. Wie hätte sie auch als politische Theoretikerin, als die sie sich ja längst versteht, anders denken können.

Die intellektuelle Wachheit, die offenbar beide, Hannah und Heinrich, seit ihrer Jugend auszeichnet, ist und bleibt ein gemeinsamer Nenner. Damit verbindet sich das Vergnügen, gegen den Strom zu schwimmen. Beide wachsen vaterlos auf, und beide wehren sich konsequent gegen alle patriarchalischen Strukturen. Während Arendt sich für die jüdische Sache einsetzt, indem sie bei der Zionistischen Vereinigung für Deutschland antisemitische Propaganda dokumentiert, findet der junge Mann aus dem Arbeitermilieu seine Aufgabe bei den Kommunisten. In Rahels Salon wurde das Private politisch. Arendt und Blücher leben beide primär politisch und gehen zeit ihres Lebens diskret mit dem Privaten um. Rahel umgibt sich gern mit Adligen, nicht nur dass sie sich durch die Heirat mit Karl August Varnhagen von Ense nobilitiert – ein Akt der Assimilation und des sozialen Aufstiegs. Nichts dergleichen strebt Hannah Arendt an. Im Folgenden wird zu zeigen sein, wie die beiden sich gegenseitig anregen und wie aus diesem ebenbürtigen Dialog neue Konzepte und Denkansätze entstehen, die beide aufs innigste miteinander, aber auch in unvergleichlicher Weise mit ihren Freunden verbinden und unsere Kulturgeschichte bis heute beeinflussen.

KAPITEL 4

Die Liebenden – »*Die Möglichkeiten des verstehenden Herzens*«

Nach einem Ehejahrzehnt beschreibt Heinrich genauer, was ihrer beider Liebe bedeutet: »Unendlich sind die Möglichkeiten des verstehenden Herzens, und nie tun wir genug, und darum wäre ein Gebet wirklich erlaubt, ohne eine weitere unverschämte Forderung an Gott zu enthalten: Herr, gib mir ein verstehendes und weises Herz … Wo einer oder einige von Euch mit mir versammelt sind, da ist meine Heimat, und wo Du mit mir bist, da ist mein Haus.«[1] Das Bild des verstehenden Herzens stammt aus dem Ersten Buch der Könige im Alten Testament, wo König Salomon sich in einem Traum ein »gehorsames Herz« wünscht, damit er verstehen kann, was gut und böse ist. Und Gott schenkt ihm ein weises und verständiges Herz.[2] Offenbar haben sich Hannah und Heinrich über diese biblische Figur unterhalten, denn in ihrem Essay »Verstehen und Politik« erinnert sie daran, dass König Salomon politisch handeln will und sich ein verstehendes Herz wünscht, um mit dieser Einbildungskraft die Dinge in die rechte Perspektive zu rücken und die Menschen wirklich verstehen zu können.[3] Im Bezug auf Salomon wird die Herzmetapher keineswegs nur romantisch verstanden, sondern auf verantwortliches Handeln gerichtet. Wie sich dieses Verstehen auf das Denken auswirkt, werden wir an späterer Stelle betrachten. Überhaupt dient das Herz als zentrale Metapher, wie ein roter Faden im Diskurs der Liebe. So sprachphilosophisch Hannahs Überlegungen oftmals klingen mögen, so steht das Herz doch, zumal in ihren Gedichten, zeichenhaft für die sinnliche Erfahrung der Liebe, die dem Geist erst durch diese Metapher greifbar wird. Man darf wohl sagen, dass die enge, verlässliche Liebesbeziehung zwischen Hannah und Heinrich von Dauer sein konnte, weil sie sich im Miteinander-Denken veränderte und auf Veränderung ausgerichtet war. Das Herz ist nicht nur der Ort romantischer Leidenschaft, sondern für die beiden auch der Ort des gemeinsamen Ringens um Verstehen, der Ort des dialogischen Prozesses.

»Dichterisch denken« ist für sie eine zentrale Devise, und die Dichtung gehört ganz wesentlich zur Sprache ihrer Liebe: Zitate, Anwandlungen, Hinweise, eigene Gedichte verfeinern und vertiefen den Austausch zwischen den Liebenden. Vor allem in den ersten Jahren scheint in der deutschen Literatur ein Stück Heimat zu liegen, in der sie sich liebend begegnen und verstehen.

Als Hannah bald nach dem Kennenlernen als Leiterin der französischen Niederlassung der zionistischen Organisation *Aliyah* an der Gründung des

Jüdischen Weltkongresses in Genf teilnimmt, erleichtert der bereits erwähnte Goethe-Gedichtband das Spiel mit den Möglichkeiten der verliebten Herzen über die geografische Entfernung hinweg. Überhaupt bietet Goethe in der Folgezeit einen besonderen Schatz an Assoziationen.

Bereits in seinem ersten Brief an Hannah beschreibt Heinrich, wie Amor, hier unter dem Namen Cupido, ihm den Kopf verdreht habe, indem er eine Zeile aus dem Gedicht »Cupido, Loser, eigensinniger Knabe« zitiert, welches Goethe in Rom verfasste und in seine *Italienische Reise* aufnahm. »Du hast mir mein Gerät verstellt und verschoben« – offenbar findet sich Heinrich in diesem Bild wieder, weil er sich unter dem Einfluss von Amor, anders als das Gedicht es in der eben gerade nicht zitierten Folgezeile will – »Ich such' und bin wie blind und irre geworden«[4] –, durch die Liebe inspiriert fühlt. »Ja und nein. Nämlich richtiger gestellt und näher herangeschoben.«[5] Seine Verliebtheit scheint seinen Aufgaben, hier konkret den Besprechungen mit seinen kommunistischen Kollegen, Orientierung zu geben – was ihm wiederum hilft, sich mit der Abwesenheit seiner Liebsten zurechtzufinden.

Hannah reagiert zwei Wochen später auf diese dichterische Anspielung, indem sie den *West-östlichen Divan* herbeizitiert, jene Gedichtsammlung, die durch Goethes Begegnung mit Marianne von Willemer beflügelt wurde. In ihrem Zitat »Kenne wohl der Männer Blicke …« spricht Hannah alias Suleika zu ihrem Geliebten Heinrich alias Hatem. Nur ist ihnen, während sie in Genf weilt und er in Paris ausharrt, die Sprache der Blicke eben gerade nicht gegeben und kommt doch poetisch zur Sprache. Das Gedicht fungiert als Abschiedsgruß des Briefes, aber explizit auch als Erklärung dafür, warum sie von ihm »einen richtigen Brief«[6] braucht – spielerisch, aber unverhohlen ungeduldig, weil sie keine Post von ihm erhalten hat. Gewisse Parallelen sind nicht zu übersehen: Goethe erlebt im September 1815 mit der jung verheirateten Marianne seine »allerschönste Zeit«. Marianne fühlt sich durch Goethes Blicke wertgeschätzt und zum Schreiben inspiriert, und er wiederum geht großzügig mit ihrer Autorschaft um und fügt seiner Manuskriptmappe von ihr verfasste Gedichte hinzu; ihre Kreativität verdankt sie seiner Inspiration. Hannah und Heinrich werden einander noch so manche Anregung verdanken.

In diesen Resonanzen auf Goethe finden sich die beiden in ihrer Verliebtheit wieder. Das Verständnis, die wirklich sehenden Blicke und die gegenseitige Inspiration, wie Goethe sie besingt, gehören essenziell zu ihrer geistigen und sinnlichen Nähe. So akademisch ambitioniert und erfolgreich sie zu diesem Zeitpunkt ist, so überlegen sie ihrem Ehemann sozial und intellektuell sein mag, hat sie sich doch eine mädchenhafte Sehnsucht nach Verständnis und Unterstützung bewahrt, ähnlich wie Marianne von Willemer, die im

Oktober 1819 an Goethe schreibt »Mein Herz lag offen vor Ihren Blicken«.[7] Auch Hannah fühlt sich von ihrem Liebsten von allen Ängsten befreit und zu sich selber erweckt. Heinrich hat seinerseits ja schon vor Monaten an sie appelliert, sie möge sich ihm hingeben und keine »Weiberangst« haben. In dem Bekenntnis zu ihrer Liebe öffnen sie sich füreinander, weil sie sich gegenseitig wahrgenommen fühlen.

Vor allem verortet das von Goethe übernommene Rollenspiel Hannah und Heinrich in der kosmopolitischen Literatur und in den Vorlagen der großen persischen Liebeslyrik, zwischen Ost und West, zwischen Klassik und Gegenwart.[8] Nebenbei mag man an Goethe und dessen zahlreiche Liebesverhältnisse denken – so weit wird Heinrich allerdings nicht gehen.

Immer wieder verständigen sich Hannah und Heinrich über literarische Anspielungen. Im November 1936 zitiert Hannah aus Goethes *Römischen Elegien*, nachdem sie vorausgeschickt hat, bei Goethe finde sich so ziemlich alles Weltbewegende. Gewiss mit einem geheimen Schmunzeln zitiert sie aus der XIX. Elegie: »Schwer erhalten wir uns den guten Namen, denn Fama / Steht mit Amorn, ich weiß, meinem Gebieter, in Streit.«[9] Viele Bezugsebenen eröffnen sich, zuerst einmal Goethe, der sich mit den Elegien auf die klassischen Liebeselegien bezieht, während er in Rom das italienische Leben sowie seine erwachende Liebe zu Christiane Vulpius durchdenkt. Ähnlich wie der *West-östliche Divan* verleihen die Elegien dem Gespräch zwischen Hannah und Heinrich einerseits etwas Fremdes, andererseits in ihrer strengen Form etwas Klassisches – das römische Versmaß und die mythologischen Figuren, wie »die mächtige Göttin« des Schicksals, und allerlei Verruchtes, welches das Leben um Genüsse bereichert. Hannah nimmt diesem Ton das Pathos, indem sie ihre Emotionalität herunterspielt: »Diese Nichtigkeiten schreibe ich trotz aller Eile!«[10] Sinnlichkeit und Schicksalhaftigkeit der jungen Liebe verstärken sich gewissermaßen durch den literarischen Kontext, gebrochen durch die ironische Anmerkung. Sicher hat auch das Freiheitsgefühl, das in Goethes Elegien anklingt, die Briefschreiberin zu dem Zitat angeregt. Hannah und Heinrich haben sich von konventionellen gesellschaftlichen Erwartungen gelöst, und gerade darin besteht ihre Gleichgestimmtheit. Ein reicher Fundus an Literatur und Kulturgeschichte steht ihnen zur Verfügung, und sie nutzen und genießen ihn als Resonanzraum. Möglicherweise wird die gängige bildungsbürgerliche Zitierfreude noch durch ihren Freund Walter Benjamin angestachelt, der das Sammeln und Zusammenstellen von Zitaten ja zu einem eigenen Stil erhoben hat. Sicher erkunden sie nicht nur in Briefen, sondern auch in Gesprächen Goethe, Heine, Nietzsche, Brecht, Kafka und die Kunst Rembrandts und Cézannes. Ein ehemaliger Student aus

Heinrichs Zeit am Bard College, der das Ehepaar kannte, der Biophysiker George Rose, meint rückblickend, so leidenschaftlich Hannah für das Denken gelebt habe, so leidenschaftlich habe sie auch für Heinrich empfunden. Daran hätten auch seine außerehelichen Beziehungen nichts geändert. Wenn sie Gäste hatten – so Rose –, saßen Hannah und Heinrich einander am Tisch in Zigarettenrauch gehüllt gegenüber und zitierten Rilke-Gedichte füreinander – und in der Runde herrschte gespannte Aufmerksamkeit.[11]

Diese Referenzen geben ihrer Leidenschaft Gestalt und Tiefe. Offenbar vermitteln gerade in den Flüchtlingsjahren Literatur und Kunst ein Heimatgefühl, während später die politischen und philosophischen Themen im Vordergrund des Gedankenaustauschs stehen. Heimatlos sind sie ja beide, und damit bedeutet die Liebesbeziehung umso mehr Heimat.

Die Briefe der ersten Jahre des Lieben- und Kennenlernens sind voll von Begeisterung und Sinnlichkeit füreinander – immer im Wechsel mit den intellektuellen Fäden, die sie spinnen. Sosehr Hannah und Heinrich bemüht sind, konventionelles Denken hinter sich zu lassen, finden sich doch immer wieder traditionelle Metaphern und Bilder, die Einsicht geben in die Facetten der emotionalen Bindung: Liebe als Passion, Liebe im Gegensatz zu Ehe, Leidenschaft versus Gefühl. Wie die Literaturwissenschaftlerin Sigrid Weigel meint, sind Hannah Arendts Anmerkungen zur Liebe ein ungeschriebenes Buch.[12]

Im Mai 1953 notiert sie in ihrem *Denktagebuch*: »Liebe ist eine Macht und kein Gefühl. Sie bemächtigt sich der Herzen, aber sie entspringt nicht im Herzen. Die Liebe ist eine Macht des Universums, sofern das Universum lebendig ist. Sie ist die Macht des Lebens und garantiert seinen Fortgang gegen den Tod. Darum ›überwindet‹ die Liebe den Tod. Sobald sich die Macht der Liebe eines Herzens bemächtigt hat, wird sie zur Kraft und eventuell zur Stärke. / Die Liebe verbrennt, durchschlägt wie der Blitz das Zwischen, d. h. den Welt-Raum zwischen den Menschen.«[13] Seit Beginn ihrer Beziehung erlebt Hannah die Liebe als Versicherung ihres Daseins. In der Folgezeit wird sich bestätigen, wie existentiell die beiden einander brauchen, schätzen und in ihren besten Möglichkeiten gegenseitig fördern. Dazu gehören ein Alltag der Zweisamkeit, die geistige Arbeit und die Pflege des Freundeskreises. Dieses Zwischeneinander wird Heinrich später in einer Vorlesung an der New School aufgreifen: »Wenn wir nicht frei sind in unseren Beziehungen, können wir nicht lieben. Dann kann die Liebe nicht das Motiv dafür sein, mit jemandem zusammenzuleben, sondern es wird Erwägungen der Nützlichkeit dafür geben.«[14]

Demnach stellt sich die Liebe als die bedingungslose Voraussetzung des Miteinanders, der Einzigartigkeit des Zusammenlebens dar. Daraus erwächst ein Gemeinsinn, für den Hannah und Heinrich als politische Menschen konsequent eintreten.

Doch zurück zu den Anfängen. Der Himmel hängt nicht lange voller Geigen. Zwischen September und Dezember 1939 schreibt Heinrich aus dem Internierungslager an Hannah. Für ihn ist offenbar die Liebe eine Kraft, die ihn diese schwere Zeit überstehen lässt. Hannahs Briefe sind nicht erhalten, aber wir dürfen aus den von ihm überlieferten Schreiben schließen, dass sie einfühlsam und auch ganz pragmatisch auf seine existentiellen Bedrängnisse und die bare Not eingeht. Zwei Tage nachdem sie ihn im Internierungslager besucht hat, beschreibt er ihr sein Glücksgefühl: »Mein Liebling, ich bin noch so glücklich. Besonders, wenn ich an diesen großen Schatz der Liebe denke, der in den drei glücklichen Jahren unseres Ehelebens gewachsen ist. Im Glanz Deiner Augen sehe ich noch den Widerschein dieser Zeit, und ich weiß ihn auch in den meinen.«[15] Noch zwei Wochen später zehrt er von diesen Eindrücken.

Leidenschaft ist für beide die treibende Kraft ihrer Liebe, und sie übersetzen diese heftigen Gefühle vielfach in kreative gemeinsame Arbeit. *Elemente und Ursprünge totaler Herrschaft* nennt Heinrich »unser Buch«, das aus den gemeinsamen Gesprächen entsteht. Die leidenschaftlichen Auseinandersetzungen zwischen Hannah und Heinrich gehen auch dem gemeinsamen Freund, dem Literaturkritiker und Autor Alfred Kazin, nicht aus dem Sinn. Wie er in seinen Erinnerungen *New York Jew* (1978) schreibt, wechselten die beiden unvermittelt ins Deutsche, wenn ihnen unerwartet ein philosophischer Gedanke kam, für den sie sich begeisterten. »Heinrich, die Pfeife zwischen den zusammengepressten Lippen, knurrte seine Argumente hervor, als wäre er immer noch auf dem Schlachtfeld. … Hannah, trotz ihrer vornehmen Herkunft, sprach über Philosophie, als stünde sie alleine da in einem fremden Land und in einer fremden Sprache gegen mächtige Irrtümer. Sie konfrontierte dich mit der Wahrheit; sie konfrontierte dich mit ihrer Freundschaft; sie konfrontierte Heinrich, selbst wenn sie ihm in dem leidenschaftlichsten Seminar zur Seite stand, das mir je zwischen einem Mann und einer Frau, die zusammen leben, begegnet ist.«[16] Diese Erinnerung verdeutlicht, wie ihr Lebens-Raum mit Leidenschaft ausgefüllt war.

Wie der Dialog mit Heinrich ihren großen Werken zugutekommt, bringt Hannah immer wieder zum Ausdruck. Er bietet ihr Resonanz- und Gesprächsraum, er ist ihr Sokrates, mit dem sie ihre Gedanken präzisiert. Wie Leon Botstein meint, hatten die beiden ein modernes Künstlerverhältnis mit umgekehrten Rollen, sie brauchte ihn als »Muse« und Inspiration und war froh, dass er durch seine akademischen Aufgaben und den Professorentitel am Bard College sozial aufstieg, was wiederum für sie die Ehe rechtfertigte.[17] Er war in seinem Element, wenn er ihr beim Entwickeln ihrer Gedanken zuhören konnte. Anders als Hannahs beste Freundin Rahel, an der sie neben dem Judentum auch das »Frauenproblem«[18] beobachtet, sind im Binnenverhältnis zwischen Hannah und Heinrich die Rollen unkonventionell verteilt.

Natürlich sind beide auch leidenschaftlich und körperlich, und nachdem sie jeweils andere Beziehungen hinter sich haben, werden sie gespürt haben, wie sich geistige und sinnliche Nähe gegenseitig steigern. Der Hauptgrund für ihre Liebe, so Heinrich Blücher, sei ihre Übereinstimmung in den großen Fragen des Lebens.[19]

Als Hannah sich in der ersten Zeit in der neuen Heimat USA als Au-pair bei den Giduz aufhält, berichtet sie Heinrich, der mit ihrer Mutter Martha in New York bleibt und einen Englischkurs besucht, wie sie sich in ihrer Begeisterung über einen Brief von ihm ans Klavier setzt – sie, die nach Aussagen der Mutter ja ganz unmusikalisch ist – und das von Clara Schumann vertonte Rückert-Lied »Er ist gekommen, in Sturm und Regen, ihm schlug mein beklommen Herz entgegen« spielt.[20] Die zitierten Zeilen aus Friedrich Rückerts Gedichtzyklus *Liebesfrühling* bringen ihre glühende Begeisterung für Heinrich zum Ausdruck. Die Briefstelle vermittelt, wie frisch und leidenschaftlich, aber auch wie kunstvoll die beiden miteinander umgehen. Gelegentlich schreibt Hannah ihm selber ein Gedicht, das sie dem Brief beifügt oder eingliedert. Jedenfalls galt ihnen beiden als Beziehungsmotto: »dichterisch lieben«.

Die Liste der zärtlichen Anreden im Briefwechsel ist lang. Heinrich, den Hannah wegen seiner Nase

Stups nennt, findet immer wieder neue Kosenamen für seine Schnupper, die unermüdlich ihre neue Welt beschnuppert: »Ma Belle«, »Liebes Kleines«, »Mien leiwe Deern«, »Mein Vielgeliebtes«, »Liebe kleine Meine«. Seine Chérie nennt ihren lieben Liebsten nicht nur »Monsieur«, sondern gerne ihren »Wunderrabbi«, aber auch »Mein vielgeliebter Schafskopf«. Die Intimität der Briefe bleibt bestehen, auch wenn Hannah und Heinrich im Laufe der Jahre gelegentlich getrennte Wege gehen. Die stilistische Vielfalt vermittelt einen Eindruck davon, wie wortgewandt und geistesgegenwärtig die beiden miteinander reden. Selbst ein flammender Liebesbrief kann selbstironisch enden im berlinernden »o Königin, jloobe ick und fürchte ick« oder »wir zwee beede und ick. Stimmt's oder hab ick recht?«[21] Gern streut Heinrich seine Berliner Schnauze ein, um leidenschaftlichen Äußerungen Leichtigkeit zu verleihen. Insofern dienen auch lakonische Zitate von Robert Gilbert oder Christian Morgenstern als passende Inspiration.

In New York gehören Hannah und Heinrich schon bald zu den namhaften intellektuellen Kreisen, über die sie als eine »Doppelmonarchie« herrschen, wie der befreundete Schriftsteller Randall Jarrell es nennt. Man trifft sich zum Dinner und diskutiert, man verbringt die Wochenenden auf dem Land, besonders gern in Palenville am Rande der Catskills im Staat New York, dort, wo in den 1950er Jahren die jüdischen Familien Sommerurlaub machen. Hannah und Heinrich logieren gern im Chestnut Lawn House und finden dort in den »jüdischen Alpen« alles, was sie zur Erholung brauchen. »Arbeiten, spazieren, schwimmen, Grünes, Bäume, Bächlein mit vielen Wasserfällen, Hügel, Felsen …«[22]

Nach einer gemeinsamen Auszeit am Wochenende notiert Alfred Kazin in seinem Tagebuch, wie ihn Hannahs natürliche Art beeindruckt, sie sei so gradlinig, dass sie sich gar nicht vorstellen könne, wie man anders sein könne. »Insgesamt kommt sie mir vor wie das zutiefst *menschlichste* Wesen, das mir je begegnet ist. Nicht so originell wie Heinrich, aber jedenfalls viel interessanter, weil sie diese Menschlichkeit verkörpert.«[23] Ähnlich wie Kazin sind Hannah und Heinrich sich klar darüber, dass die New Yorker Intelligenzija jederzeit eine akademisch-künstlerische Überheblichkeit riskiert, ein letztlich verführerisches Identitätsgefühl aus der Zugehörigkeit zu einer Avantgarde, die sich jeglicher Bürgerlichkeit überlegen fühlt, aber eine offene Konfrontation mit den Gräueln der Geschichte und den Unzulänglichkeiten der Gegenwart vermeidet. Ebendeshalb bewundert Kazin die beiden so in ihrer Lauterkeit, mit der sie ganz bewusst leben und sich für eine bessere Welt einsetzen. Zugleich inspiriert Hannah Kazin und die anderen Freunde dazu, die Brüche mit der Tradition zu diskutieren – und in diesem Diskurs Stetigkeit im gemeinsamen Freundeskreis zu etablieren. Ihnen allen gibt die europäische Geistesgeschichte Halt: Platon, Hegel, Kant, Kafka und andere. Der Ausblick von der möblierten Wohnung im Morningside Drive auf die Krakauer Klavierhandlung und ein Bild von Kafka im Flur gehören zu solchen traditionellen Nachklängen. Der Rückhalt von Tradition und Bildung inmitten des intellektuellen Exils garantiert offenbar eine Vertrautheit mit Herkunft und Vergangenheit, mit ihren Wurzeln, selbst wenn sie beide sehr genau um den Traditionsbruch wissen. Die historische Katastrophe hat sie, wie Kazin meint, zusammengeschweißt und macht die unvergleichliche Intensität ihrer Liebe aus. »Hannah und Heinrich sind nah, viel näher, als ich es in der Ehe mit Caroline erlebe.«[24]

Auch unter den nun stabileren Lebensumständen bleibt der briefliche Kontakt wichtig für die Liebe und setzt die Zweisamkeit fort, wenn Hannah, wie so häufig, auf Reisen ist. So schreibt Heinrich aus New York an Hannah in Paris: »Liebste, Deine Briefe sind wirklich eine Notwendigkeit für mich geworden, ich renne nach dem Briefkasten. Man hört Deine Stimme so gut in ihnen, und Du gibst mir wirklich damit die Gelegenheit, ein wenig teilzuhaben an Paris und Europa und mich mitzufreuen. Ich kann mir alles so gut wieder vorstellen.«[25] Heinrich wählt gern den bequemeren Weg, erspart sich beschwerliche Reisen und Reminiszenzen und stellt sich vor, wie es Hannah ergeht. Sie wiederum fühlt sich durch seine Briefe von ihm begleitet. »Liebster – Deine beiden

Briefe fand ich hier vor und war ganz selig.«[26] Sie braucht das Gefühl von Nähe zu ihm, gerade in turbulenten Momenten. »Liebster, wenn ich in eine Stadt komme und Dein Brief erwartet mich, wird alles gleich ganz anders. … Ja, Liebster, unsere Herzen sind eins ans andere gewachsen und unsere Schritte gehen im Gleichmaß. Und dies Gleichmaß kann nichts stören, obwohl das Leben ja weitergeht. Diese Narren, die glauben, Treue sei, wenn das Leben aufhört und sich gleichsam in den einen festgebissen hat. Sie bringen sich nicht nur um das gemeinsame Leben, sondern sogar um das Leben überhaupt. Wenn es nicht so gefährlich wäre, sollte man der Welt doch einmal erzählen, was eine Ehe wirklich ist.«[27] In diesem offenen Verständnis von Ehe sind sie sich einig, dass die Bedingung für eine wirklich lebendige Liebe die Unabhängigkeit von Konventionen ist. Überhaupt sind es eben Unabhängigkeit und innere Freiheit, die beide füreinander einnimmt. In einem Brief an den engen Freund Kurt Blumenfeld beschreibt Hannah die Basis ihrer Vertrautheit mit Heinrich: »Klugheit und Güte und absolute Unabhängigkeit von allem und allen«, darauf kann sie sich bei Monsieur verlassen[28] – und nach dem Briefwechsel zu urteilen, ergänzen sie sich in diesen Eigenschaften.

Bei aller Unabhängigkeit und Freiheit bleiben sie einander und ihrem gemeinsamen Auftrag treu. Denken und die gemeinsame intellektuelle Arbeit sind für sie ein geistiges Kind. Wie Hannah es in *Vita Acti-*

va darlegen wird, trennt die Leidenschaft die Liebenden von der Mitwelt, aber mit ihren intellektuellen Formen der Zusammengehörigkeit, durch Dialog und Kommunikation, bringen Hannah und Heinrich sich doch immer wieder mit der Welt in Verbindung.[29] Die von Hannah so vehement behauptete »Gebürtlichkeit«, der jedem Menschen als Möglichkeit gegebene Neubeginn, bedeutet nicht unbedingt biologisches Leben. Sie beide setzen Gedanken in die Welt, die wiederum Neuanfänge im politischen gesellschaftlichen Kontext initiieren.

Im Laufe der Jahre werden Häufigkeit und Entfernungen von Hannahs Reisen größer, Freuden und Leiden teilen die beiden weiterhin verständnisvoll. Während Heinrich unter dem New Yorker Klima, unter seinen beruflichen Belastungen und gesundheitlichen Problemen leidet, genießt Hannah ihre Freiheit und die Vortragsreisen, die sie nach Europa und an die amerikanische Westküste führen. Inzwischen können sie auf die Beschäftigung mit ihren kulturellen Voraussetzungen verzichten und setzen vollkommenes gegenseitiges Verstehen und Vertrauen voraus.

Ein Grund dafür, dass Hannah gern allein auf Reisen geht und beide ihre Lehrtätigkeiten an unterschiedlichen Orten wahrnehmen, mag auch an ihrem Bedürfnis nach einem Rückzug ins eigene Denken liegen. Denken setzt Alleinsein und Privatheit voraus. Erst nach einer Phase der Abgeschiedenheit teilen sie Gedanken miteinander, im Schreiben und Reden mit der Welt. In ihrem *Denktagebuch* hält Hannah fest, »dass kein Mensch allein existieren kann, ausgedrückt in der Zweigeschlechtlichkeit. Hier sucht (oder bedarf) der Eine des Zweiten (und es entspringt der Dritte) ... Im Falle der Liebe sucht er das ihm Gemässe.«[30] Zweifellos hat Hannah alle Wahlmöglichkeiten gehabt, ehe sie sich für den ihr gemäßen Lebensgefährten Heinrich entscheidet. In demselben Tagebucheintrag differenziert Hannah: In der Liebe »brauchen« zwei Menschen einander – und sind nicht etwa aufeinander angewiesen. Sie braucht Heinrich als Liebenden, der ihr die Angst vor dem Leben nimmt, der ihr zuhört, der für sie da ist, wenn sie sich aus der Pluralität des Gesellschaftlichen oder Akademischen zurückzieht. Er braucht Hannah, sofern sie ihn in seiner Männlichkeit bestätigt, aber zu der er auch aufschaut und die ihm soziale Anerkennung verschafft. Beide brauchen einander als zuverlässige Lebenspartner, als Gesprächspartner und nicht zuletzt als Verbindung zu ihren europäischen Wurzeln.

Gemeinsame Reisen erfüllen Lebensträume, Hannah und Heinrich verbringen Ferien in Griechenland und Italien und widmen sich den Anfängen der europäischen Tradition, wo ihr Denken und Urteilen immer wieder seinen Ausgangspunkt nimmt. Nach ihrem Besuch beim Ehepaar Jaspers geht es weiter nach Süditalien, sie besichtigen die klassischen Orte Paestum, unweit von Neapel, und Syrakus. 1963 können sie sich eine ausgedehnte Griechenlandreise leisten, auch hier wieder zu den Wurzeln ihres Denkens. Von Griechenland aus fahren sie nochmals nach Italien, zuerst nach Rom, von dort nach Sizilien und mit dem Schiff nach Südfrankreich und weiter nach Paris, wo alles für sie begann. Ein weiterer europäischer Ferienort in Europa kommt hinzu, Tegna im Tessin. Besonders gern erholen sie sich im *Barbaté* – damals eine kleine Pension, heute ein gepflegtes Hotel – mit wunderbarem Garten und Blick auf den Lago Maggiore. Sie erreichen ihr Urlaubsziel, indem sie mit dem Zug bis Locarno fahren und von dort ein Taxi nehmen. Im *Barbaté* ist für ein genüssliches Frühstück gesorgt, sie bummeln durch die verwunschenen Gassen, genießen die Ruhe zum Nachdenken und Arbeiten und schätzen es, wenn Freunde zu Besuch kommen, so wie die amerikanische Schriftstellerin Mary McCarthy oder die Jugendfreundin Anne Weil. Manchmal finden sie sogar ein wenig Langeweile zuträglich – und den Café crème.

Gesundheitliche Probleme bleiben im Laufe der Jahre nicht aus, Anfang der 1960er Jahre eskalieren sie. Während Hannah am Wesleyan College in Middletown, Connecticut, lehrt, erleidet Heinrich Ende Oktober 1961 eine Aneurysma-Blutung. Heftige Kopfschmerzen halten ihn nicht davon ab, noch eine Woche lang Vorlesungen und Seminare zu halten. Dann verschlechtert sich sein Befinden, er bricht zu Hause am Riverside Drive zusammen, wo Charlotte Beradt ihn auffindet, mit Verbrennungen von einer Zigarette und in einem Chaos von Büchern und Manuskripten. Mit Notarztwagen wird er ins Krankenhaus gebracht und auf der neurologischen Station des New Yorker Columbia Presbyterian Hospital behandelt, der besten des Landes, wie Hannah Karl Jaspers später berichtet. Hannah eilt aus Connecticut zu Heinrich und erfährt vom behandelnden Arzt eine erste Diagnose. Beide wissen, dass von bis zu 50 Prozent Mortalität die Rede ist, worauf er nur meint: »Reg Dich bloß nicht auf, Du vergißt die anderen 50 %.«[31] Wenig später, am 19. März 1962, fährt sie in einem New Yorker Taxi durch den Central Park, als ihr Wagen von einem Laster gerammt wird. Nach dem schweren Unfall wird sie blutüberströmt, aber bei Bewusstsein ins Roosevelt Hospital eingeliefert, laut Krankenakte mit Gehirnerschütterung, Kopfwunden, Rippenbrüchen, Prellungen, Blutergüssen über den Augen, angebrochenem Handgelenk und Hautabschürfungen. Sie bittet Charlotte Beradt, die sie auf ihren Wunsch hin besucht, Heinrich zu benachrichtigen, doch sie möchte ihn keinesfalls beunruhigen. Der kommt sofort herbei und stärkt ihre Lebensenergien, indem er ihr eine Geschichte erzählt. Ihrer Freundin Mary McCarthy schreibt sie, dass sie im Krankenwagen ihr Gedächtnis überprüft »– sehr sorgfältig, ein Jahrzehnt nach dem anderen, Poesie, Griechisch und Deutsch und Englisch, dann Telefonnummern. Alles in Ordnung. Das Wichtigste war, dass ich einen flüchtigen Augenblick lang das Gefühl hatte, ich hätte es selbst in der Hand, ob ich leben oder sterben wolle. Und obwohl ich nicht dachte, dass der Tod etwas Schreckliches sei, habe ich doch auch gedacht, dass das Leben ganz schön sei und ich mich lieber dafür entscheide.«[32] Nach einer Woche wird sie nach Hause entlassen, vor allem erleichtert, dass ihr »Gehirn bestimmt unbeschädigt«[33] ist, alles andere wird schon heilen. Aber sie ist zwei Monate lang in ihrer Arbeitsfähigkeit eingeschränkt, und der Herzmuskelschaden infolge des Schocks wird bleiben. Immerhin hilft die Versicherungssumme, jene Griechenlandreise im folgenden Frühjahr großzügig zu gestalten.

Im Sommer 1970 verbringen sie den Urlaub in Tegna, Heinrich geht es trotz seiner angeschlagenen Gesundheit gut. Zurück in New York, trägt Hannah am 30. Oktober die Ergebnisse ihres Nachdenkens über »Denken und moralische Erwägungen« an der New School vor, danach setzen sie das Gespräch in ihrer Wohnung zusammen mit dem Philosophen J. Glenn Gray fort. Am nächsten Morgen fühlt Heinrich sich nicht wohl, erleidet einen Herzinfarkt und verstirbt. Am darauffolgenden Tag finden sich ihre Freunde in der Wohnung ein. Hannah weiß nicht, wie sie ohne ihn weiterleben soll. Am 4. Dezember 1975 wird Hannah ihm in ihrer New Yorker Wohnung in den Tod folgen.

Auf dem Campus des Bard College in Annandale-on-Hudson im Staat New York, an seinem Ort des Handelns, etwas abgelegen auf einem Hügel unter Bäumen, finden sich nebeneinander zwei unscheinbare Grabsteine, Heinrich Blücher, Hannah Arendt. Auf beiden Grabsteinen sind kleine Steine abgelegt, nach jüdischem Brauch in ehrender Erinnerung an die Verstorbenen. Hannah lässt seinem Grabstein gegenüber eine Steinbank errichten, da nimmt sie gern Platz und setzt das Gespräch mit ihm fort. Wie ihre Biografin Elisabeth Young-Bruehl meint, ist sie regelmäßig an seinem Todestag zum Grab gekommen, hat nachdenklich da gesessen und sich den Abwesenden vergegenwärtigt.[34] Die enge Vertrautheit bleibt über Heinrichs Tod hinaus an diesem Ort der Stille. Einen gewissen Trost findet Hannah, wenn sie sich zu Hause in seinem Zimmer aufhält und auf seiner Schreibmaschine tippt.[35] Einen Monat nach Heinrichs Tod vertraut sie Heidegger ihre Trauer um Heinrich an: »Zwischen zwei Menschen entsteht manchmal, wie selten, eine Welt. Die ist dann die Heimat, jedenfalls war es die einzige Heimat, die wir anzuerkennen bereit waren. Diese winzige Mikro-Welt, in die man sich vor der Welt immer retten kann, die zerfällt, wenn einer weggeht. Ich gehe und bin ganz ruhig und denke: *weg.*«[36] Doch Hannah ist eine Frau der Tat und nimmt mit großer Sorgfalt die Verwaltung seines Nachlasses in die Hand. Sie listet die Manuskripte auf, darunter während des Zweiten Weltkriegs verfasste Texte, Tonbänder und Transkripte seiner Vorlesungen an der New School sowie am Bard College und überlässt die umfangreiche Sammlung dem Bard College mit der Auflage, dass diese Materialien für die Forschung zugänglich gemacht werden. Außerdem setzen ein Stipendium und ein akademischer Preis Heinrich Blüchers Bildungsanliegen fort.

Beider Trauerfeiern bringen noch einmal den weiten Kreis der Freunde und Bewunderer zusammen. Zahlreiche Künstler, Musiker und andere Kreative finden sich bei Heinrichs Beisetzung im November 1970 in der Riverside Memorial Chapel in New York ein, in Erinnerung an die wohlwollenden Gespräche und die enge Freundschaft mit ihm. »Da merkte man, was für ein weites Netzwerk er hatte und wie beliebt er war.«[37] An demselben Ort kommen am 8. Dezember 1975 etwa dreihundert Freunde und Weggefährten von Hannah zusammen. Hans Jonas, Freund und Kollege seit Jugendzeiten, ruft die intellektuelle Leidenschaft in Erinnerung, mit der Hannah einen hohen Standard für das Denken gesetzt habe: »Die Dinge sahen anders aus, nachdem sie sie angeschaut hatte.« Auch Mary McCarthy hält eine Trauerrede und bringt in Erinnerung, wie Hannahs Ausstrahlung – ihre Schönheit, ihre blitzenden Augen, ihre Innerlichkeit – dazu beitrug, dass man ihr beim Denken förmlich zusehen konnte. Ihr amerikanischer Verleger William Jovanovich bringt in seinen Abschiedsworten besonders Bewunderung und Dank dafür zum Ausdruck, wie furchtlos Hannah sich für Gerechtigkeit einsetzte.[38]

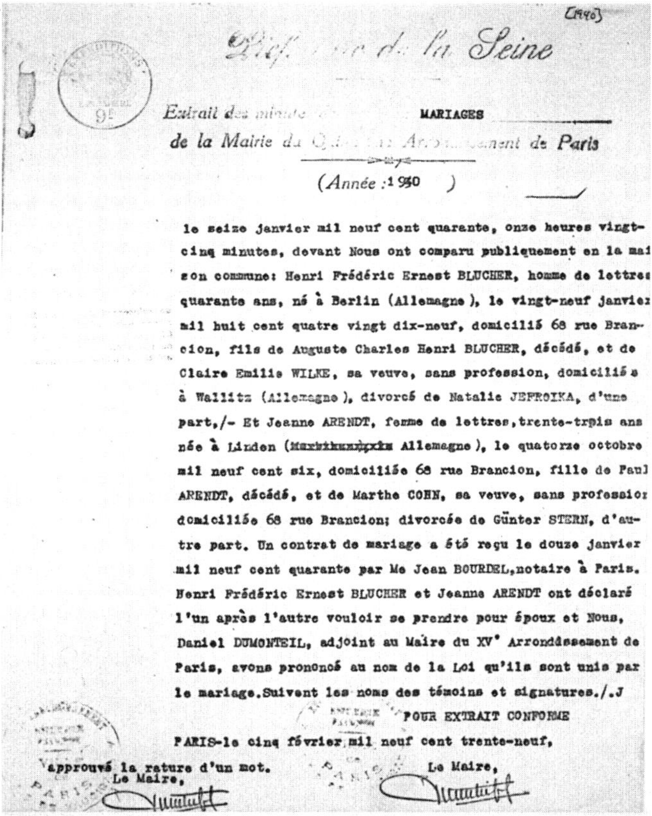

[1940]

Préfecture de la Seine

Extrait des minutes … MARIAGES

de la Mairie du Quinzième Arrondissement de Paris

(Année : 1940)

le seize janvier mil neuf cent quarante, onze heures vingt-cinq minutes, devant Nous ont comparu publiquement en la maison commune: Henri Frédéric Ernest BLUCHER, homme de lettres quarante ans, né à Berlin (Allemagne), le vingt-neuf janvier mil huit cent quatre vingt dix-neuf, domicilié 68 rue Brancion, fils de Auguste Charles Henri BLUCHER, décédé, et de Claire Emilie WILKE, sa veuve, sans profession, domiciliée à Wallitz (Allemagne), divorcé de Natalie JEFROIKA, d'une part,/- Et Jeanne ARENDT, femme de lettres, trente-trois ans née à Linden (xxxxxxxxxxxxx Allemagne), le quatorze octobre mil neuf cent six, domiciliée 68 rue Brancion, fille de Paul ARENDT, décédé, et de Marthe COHN, sa veuve, sans profession domiciliée 68 rue Brancion; divorcée de Günter STERN, d'autre part. Un contrat de mariage a été reçu le douze janvier mil neuf cent quarante par Me Jean BOURDEL, notaire à Paris. Henri Frédéric Ernest BLUCHER et Jeanne ARENDT ont déclaré l'un après l'autre vouloir se prendre pour époux et Nous, Daniel DUMONTEIL, adjoint au Maire du XV° Arrondissement de Paris, avons prononcé au nom de la Loi qu'ils sont unis par le mariage. Suivent les noms des témoins et signatures./.J

POUR EXTRAIT CONFORME

PARIS-le cinq février mil neuf cent trente-neuf,

approuvé la rature d'un mot.
Le Maire,

Le Maire,

1 Heiratsurkunde, Paris, 16. Januar 1940

2 Heinrich Blücher, 1940er Jahre

3 Hannah Arendt, um 1930

4 Heinrich Blücher, Pfefferberg, Schleswig-Holstein, 1926

5 Hannah Arendt in Paris, 1935

6 Weltausstellung Paris 1937, Karikatur von Albert Dubout

7 Internierungslager Gurs, 1939

8 Hannah Arendt, 1927

9 Kontaktbogen mit Aufnahmen von Hannah Arendt, 1941

Fred Stein, in Dresden in eine jüdische Familie geboren, studierte Jura, flüchtete 1933 nach Paris und begann dort, mit der Leica zu fotografieren. 1941 emigrierte er in die USA. In New York fotografierte er Hannah Arendt mehrfach, 1960 auch zusammen mit Heinrich Blücher.

10 Hannah Arendt, 1944, Fred Stein

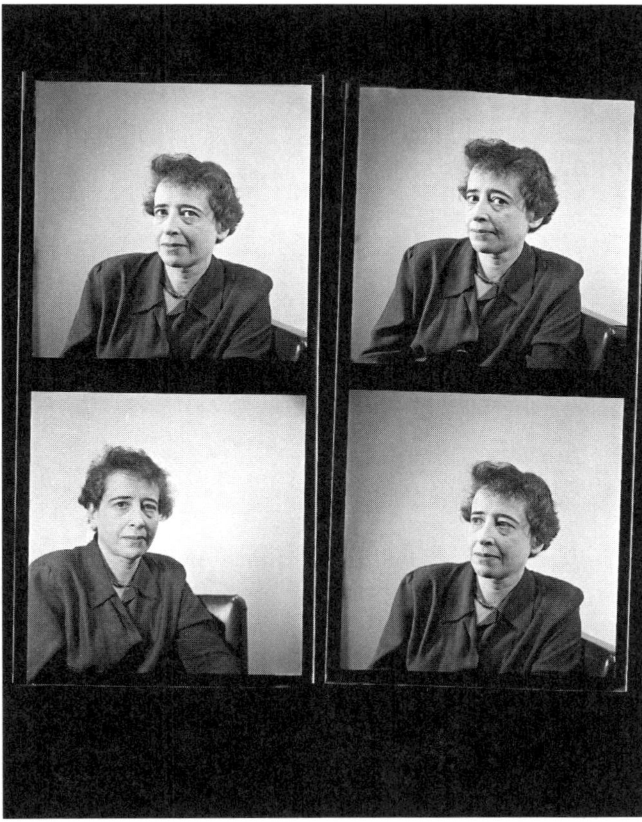

11 Kontaktbogen mit Aufnahmen von Hannah Arendt, 1949, Fred Stein

THE UNITED STATES OF AMERICA

ORIGINAL
TO BE GIVEN TO
THE PERSON NATURALIZED

No. 6979219

CERTIFICATE OF NATURALIZATION

Petition No. 600675

Personal description of holder as of date of naturalization Date of birth October 14th,1906 sex female complexion fair color of eyes brown color of hair brown height 5 feet 6 inches weight 135 pounds visible distinctive marks none
Marital status married former nationality German
I certify that the description above given is true, and that the photograph affixed hereto is a likeness of me.

(Complete and true signature of holder)

UNITED STATES OF AMERICA
SOUTHERN DISTRICT OF NEW YORK } ss:

Be it known, that at a term of the District Court of The United States held pursuant to law at New York City on December 10th, 1951 the Court having found that HANNAH ARENDT BLUECHER then residing at 130 Morningside Drive, New York, N.Y. intends to reside permanently in the United States (when so required by the Naturalization Laws of the United States), had in all other respects complied with the applicable provisions of such naturalization laws, and was entitled to be admitted to citizenship, thereupon ordered that such person be and (s)he was admitted as a citizen of the United States of America.

In testimony whereof the seal of the court is hereunto affixed this 10th day of December in the year of our Lord nineteen hundred and 51 and of our Independence the one hundred and 76th

Seal

WILLIAM V. CONNELL
Clerk of the U. S. District Court
By Deputy Clerk.

It is a violation of the U.S. Code (and punishable as such) to copy, print, photograph, or otherwise illegally use this certificate.

DEPARTMENT OF JUSTICE

12 Einbürgerungsurkunde von Hannah Arendt, New York, 10. Dezember 1951

13 Hannah Arendt und Heinrich Blücher,
New York, um 1950

14 Kontaktbogen mit Aufnahmen von Hannah Arendt und Heinrich Blücher, 1960, Fred Stein

15 Kontaktbogen mit Aufnahmen von Hannah Arendt und Heinrich Blücher, 1960, Fred Stein

16 Kontaktbogen mit Aufnahmen von Hannah Arendt, 1960, Fred Stein

KAPITEL 5

Die Handelnden – *»in der gemeinsam gegebenen Welt«*

Am politisch-philosophischen Diskurs auf beiden Seiten des Atlantiks beteiligen sich Hannah und Heinrich in einer Weise, die bis heute an Aktualität nichts verloren hat. Im Folgenden soll skizziert werden, inwiefern gemeinsame Sprach- und Denkfiguren noch immer relevant sind und wie sich ihr Sprechen und ihr Handeln fortsetzen lassen. Beide sind nach ihrem Neuanfang in den USA akademisch wesentlich erfolg- und einflussreicher, als sie es in Deutschland je hätten sein können. Sie hat in Deutschland ihre akademischen Lorbeeren erworben, er besitzt keinerlei formelle akademische Bildung. Dennoch verdankt sie ihrem Mann viel, wie sie ihrem wichtigsten akademischen Lehrer Karl Jaspers gesteht: »Meine nicht-bürgerliche oder literarische Existenz beruht darauf, dass ich dank meines Mannes politisch denken und historisch sehen gelernt habe.«[1] Etwa zwei Jahrzehnte später stellt Jaspers fest: »Von Heinrich sind Impulse zu Dir gelangt, ich übersehe das nicht. Aber es scheint mir: wie Platos Gedanken nicht ohne Sokrates wären, so Deine, wie sie geworden sind, nicht ohne Heinrich.«[2] Zweifellos haben sich hier zwei Denkende gegenseitig darin unterstützt, ihre Lebensaufgabe zu erfüllen. Doch wie genau, mag auch den Eheleuten nicht ganz klar gewesen sein. In ihrem Essay über Rosa Luxemburg merkt sie zu deren Ehe an, es bleibe unklar, welche ihrer politischen Ideen von ihrem Mann Leo Jogiches stammten, denn: »in einer Ehe ist es nicht immer einfach, die Gedanken der einzelnen Partner auseinanderzuhalten.«[3]

Beide gehören dem berühmten expressionistischen Club, *The Club,* an, beide beginnen mit Lehrtätigkeiten an der New School for Social Research. Im Juni 1967 wird Hannah zur Philosophieprofessorin der dortigen Fakultät für Politik- und Sozialwissenschaft ernannt. Sie lehrt am Brooklyn College in New York, während er Philosophieprofessor am Bard College in Annandale im Staat New York wird. Ihr kommt als erster Frau die Ehre zu, 1953 im Rahmen der renommierten Christian Gauss Seminars on Criticism an der Princeton University aufzutreten, von 1963 bis 1967 gehört sie als Mitglied des interdisziplinären Committee on Social Thought zur Fakultät der University of Chicago. Sie lehrt als Gastprofessorin an der University of California in Berkeley, an der Columbia University, an der Wesleyan University und an der Northwestern University. Vergleicht man beider Vortrags- oder Vorlesungsthemen sowie ihre Schriften und seine Vorlesungstranskripte und Essays, wird das gemeinsame Ringen um ein Verstehen der unmittelbaren Vergangenheit deutlich – immer mit Blick auf die Zukunft. Doch zunächst bieten die Vergangenheit und die eigenen Erfahrungen den Stoff fürs Nachdenken.

Hannah und Heinrich fassen in New York Fuß, indem sie einen Freundeskreis von Künstlern und Intellektuellen finden. Wegweisend ist hier *The Club*, eine einzigartige Institution der 1940er und 1950er Jahre, die um den bildenden Künstler Philip Pavia entsteht. Nach Aufenthalten in Paris bietet Pavia Künstlern und Kunstliebhabern in der Waldorf Cafeteria ein informelles Forum des Austauschs im Stil eines französischen Cafés. Seit Kriegsbeginn bis 1942 geht es hier im Greenwich Village zu wie in Paris Anfang des 20. Jahrhunderts. Europäische und amerikanische Künstler – André Breton, Marcel Duchamp, Peggy Guggenheim und Max Ernst, Jackson Pollock, Wassily Kandinsky und Piet Mondrian – gehören dazu. 1948 gründet Pavia den *Club*, wo sich nun ein exklusiver Treffpunkt der Surrealisten und Existentialisten herausbildet, zu dem auch Willem und Elaine de Kooning, Frank Kline, André Malraux und Robert Motherwell gehören. Jede Woche gibt es drei wichtige Abende: mittwochs sind die Mitglieder unter sich, wie ein Vorspiel für den Freitag, wenn auch Gäste willkommen sind. Sonntags wird extravagant gefeiert und getanzt, im Laufe der Zeit kommen Konzerte und Theateraufführungen hinzu. Politik ist als Thema ausgeschlossen, es geht ausschließlich um Ästhetik und Philosophie.

In diesen Kreis der amerikanischen Avantgarde führt der deutsch-amerikanische Künstler Alfred L. Copley Hannah und Heinrich ein, die selbstverständlich an den lebhaften Diskussionen teilnehmen. Ende Februar 1950 sagen unvorhergesehen gleich zwei Referenten für die anberaumte Podiumsdiskussion ab, es soll um André Malraux und dessen *Psychologie der Kunst* gehen. Heinrich wird gebeten, kurzfristig einzuspringen, und mit seiner rhetorischen Gabe kommt er hervorragend an – wie er Hannah nach Deutschland berichtet »So they got hold of me and I ran the whole show. (sic) Es war ein überwältigender Erfolg.«[4] Offenbar ist er mit dem Thema vertraut, denn Hannah hat ihm den zweiten Band des Werkes von Malraux Anfang des Jahres zugeschickt, den vergriffenen ersten Band wird sie ihm nachschicken.[5] Malraux' Untersuchungen zur Verwandtschaft der Kunstwerke sind unter den Kreativen im Gespräch und passen zu Heinrichs eigenem unorthodoxen Umgang mit Kunst. Zudem erinnert dieses Konzept von Kunstbetrachtung an das Sammeln historischer Fragmente, die Hannah und Heinrich bei Walter Benjamin bewundern. Die rhetorische Verknüpfung schafft Relevanz für Vergangenes in der Gegenwart, und dieser Impuls wiederum trifft sich mit Heinrichs Ethos. Pavia findet ihn »absolut brillant«.[6] Insofern erstaunt es wenig, wenn Heinrich gleich am Freitag, den 2. März 1950 nochmals im Programm steht, diesmal mit einem Vortrag über den Modern Style.[7] Noch Jahre später wird man sich an seine Ausführungen über Paul Cézanne erinnern, und zwar 1952 im Zusammenhang mit der großartigen Cézanne-Retrospektive im Metropolitan Museum. Über die äußert er sich ganz begeistert: »So wie Bach fast die ganze Musik umfasst, so Cézanne die Malerei.«[8] Die Blüchers sind beide vehement an Kunst und Kunstgeschichte interessiert, so dass der Club ihnen einen idealen ästhetisch-philosophischen Diskursraum bietet; für Heinrich sind die Auftritte dort der Ritterschlag zum New Yorker Intellektuellen, und bald wird er Dozent an der New School.

Seit der Gründung 1919 ist die New School eine ambitionierte Erwachsenenbildungsstätte, wo Politik und Künste, aber auch zunehmend neue Forschungsbereiche wie Anthropologie und Psychoanalyse gelehrt werden. Zu den Gründern gehören der Philosoph John Dewey und der Historiker James Harvey Robinson, die während des Ersten Weltkriegs an der Columbia University lehrten. Ihre unerwünschte Stellungnahme gegen den Kriegseintritt der Vereinigten Staaten hatte dazu geführt, dass sie ihre Stelle aufgaben und sich mit Gleichgesinnten an dem neuen Bildungsmodell der New School beteiligten. Alvin Johnson, Mitgründer und späterer Rektor der New School, reist 1932 nach Deutschland und erlebt dort unmittelbar die Vorboten der Machtübernahme der Nationalsozialisten. Er startet innerhalb der New School die sogenannte University in Exile. Am 13. Mai 1933 ist in der *New York Times* zu lesen, dass fünfzehn von deutschen Universitäten entlassene Professoren an die New School berufen werden sollen.[9] Bis Ende 1938 haben 24 Prozent der Professoren in Deutschland ihre Stelle verloren, das Gesetz zur Wiederherstellung des Berufsbeamtentums sorgt dafür, dass Berufungen nach Rasse und politischer Gesinnung entschieden werden oder, genauer gesagt, nach Übereinstimmung mit der Naziideologie. Johnson ist bemüht, mit seiner University in Exile den betroffenen Deutschen eine akademische Heimat zu bieten. Für jede einzelne Professur wirbt er Gelder ein und kann im August 1933 die vor dem Naziregime geflüchteten Wissenschaftler von Weltrang willkommen heißen und ihren Familien bei der Wohnungssuche behilflich sein. Wohl in der Hoffnung auf Solidarität berichtet Johnson Albert Einstein, dass er 1935-36 über 5000 Schreiben mit dem Anliegen erhalten habe, an der New School zu lehren. Bald gehören auch Hannah und Heinrich zu denen, die hier humanistische Ideale bewahren und lehren. Alle Fakultätsmitglieder gelangen mit der Förderung durch die Rockefeller Foundation und mit Varian Frys Unterstützung in die USA und dann an die New School. Mit den exzellenten Wissenschaftlern, die in Europa an den besten Universitäten gelehrt haben, wird die New School zu einem Ort, an dem intellektuell interessierte Bürger zusammen mit Experten die drängenden Fragen der Zeit diskutieren und die komplexer werdenden Zusammenhänge von Kultur und Gesellschaft aus unterschiedlichen Perspektiven beleuchten. Die Freiheit der Lehre soll hier maßgeblich sein. Die Seminare finden abends statt, so dass auch Berufstätige an den Seminaren über Psychologie, zeitgenössische Literatur, Kunst und Musik sowie über sozialpolitische Themen teilnehmen können.

Der gemeinsame Freund Alfred Kazin, von dem später noch zu sprechen sein wird, trägt sein Bestes dazu bei, dass Heinrich hier ankommt: »Ich habe die New School dazu gebracht, ihn auszuprobieren. Er ist ein so engagierter Lehrer, und bei den Kulturfreaks, die ihm einfach *zuhören* müssen, ist er ein Hit.«[10] Im Herbst 1950 treten Kazin und Blücher als Gastdozenten in der Diskussionsreihe auf, die der Kunsthistoriker Rudolf Arnheim an der New School anbietet, um unter dem Titel »Isolationism in the Arts?« das Spannungsverhältnis von Kultur und Gesellschaft, von Kunst und Unterhaltung zu hinterfragen.[11] Auch Hannah Arndts erster Ehemann, Günther Anders, der ja seit 1936 in den USA lebt, unterrichtet hier Kunst- und Kulturphilosophie. Als er sich entscheidet, in seine Heimatstadt Wien zurückzukehren, übernimmt Heinrich fortan dessen Kurs über Philosophie der Kunst: Mit Beginn des Frühjahrssemesters 1951 denkt Heinrich mit seinen Seminarteilnehmern über die Interpretation von Kunst nach.[12]

Auch Hannah hat seit dem Frühjahrssemester 1952 im Rahmen von Seminaren und Vortragsreihen gelegentliche Auftritte an der New School, angefangen mit der Ringvorlesung »The Spiritual Quest of Modern Man«, in der sie als Gastreferentin die Antwort der Existentialisten auf die existentielle Frage nach der Spiritualität in der Moderne vorträgt. Im Herbstsemester 1967 bietet sie, inzwischen Fakultätsmitglied, zwei Seminare, »Politische Erfahrungen des 20. Jahrhunderts« und »Platons Theaitetos«, an. Heinrich übernimmt zum Akademischen Jahr 1952 Lehrveranstaltungen im Fachbereich Philosophie. Sein Seminar »Metaphysical Foundation of Politics« verweist mit der Kursbeschreibung schon auf seinen Kurs »Sources of Creative Power. Origins Of Human Principles«, der seit dem Akademischen Jahr 1953 regelmäßig im Vorlesungsverzeichnis angeboten wird. Bei der Suche nach den Ursprüngen der menschlichen Prinzipien steht für ihn die Kreativität im Mittelpunkt.

Ganz ähnlich konzipiert er seinen »Common Course« am Bard College, einen fächerübergreifenden Ritt durch die Geistesgeschichte unter Berücksichtigung von Geschichte, Philosophie und Naturwissenschaft, von 1952 bis 1967 als Gastprofessor für Philosophie. Gemeinsam mit Kollegen arbeitet er einen zeitgemäßen Seminarplan aus, der den jungen Leuten die essenziellen Lebensfragen nahebringen soll. Montags bis donnerstags unterrichtet er also am College, freitags gibt er zwei Kurse an der New School. Er wohnt zeitweise auf dem Campus; von 1952 bis 1954 sowie 1958 ist er als Bewohner im

»Dwelling Unit C-2« gemeldet, eine schlichte Häuserzeile für Mitglieder der Fakultät, und 1962 in »Ludlow 2-B« – gemessen an seinem sonst dandyhaften Lebensstil ein waghalsiger Sprung in ein typisch amerikanisches College-Leben. Nach seiner Emeritierung wird ihm am 15. Juni 1968 am Bard College die Ehrendoktorwürde verliehen. Die sokratische Methode gilt ihm als Lehr- und Gesprächsstil: »Antworten kann ich in diesem Kurs sicher nicht geben, und ich bin auch nicht hier, um Antworten zu geben.«[13] Vielmehr gehe es ihm darum, sagt er, einen weiten Horizont aufzuzeigen, insbesondere die ständigen Krisen und Zeiten des Übergangs, in denen die Menschen ihre Orientierung verloren hätten.

Indessen konzentriert Hannah sich aufs Schreiben, die Lehre würde sie davon ablenken. »Eines ist sicher: Ich kann nicht zu gleicher Zeit schreiben und lehren; dies sind zwei Tätigkeiten, die sich fundamental entgegenstehen und die ich zu verbinden nicht das Talent habe.«[14] Paradoxerweise nehmen ihre Lehr- und Vortragsverpflichtungen im Laufe der Jahre zu, beispielsweise wird sie an der New School nicht nur Seminare anbieten, sondern auch Doktoranden betreuen und in Kommissionen sitzen. Doch es gelingt ihr zumeist, als Gastprofessorin lästige Verwaltungsaufgaben und gesellschaftliche Verpflichtungen abzuwehren. Eine politisch engagierte Lehre, die sie nicht an die Strukturen der Hochschule bindet, lässt ihr genügend Freiraum zum Denken und Schreiben.

Heinrich hingegen meint, die Gabe zu schreiben sei ihm nicht mitgegeben, doch er habe Urteilsfähigkeit. Vor allem am Bard College findet er seine Aufgabe in einem freigeistigen Umfeld, ebenso wie andere Kreative, die für eine traditionelle Hochschule zu links-liberal gewesen wären. Aber er stöhnt auch so manches Mal, wenn ihm die Vorbereitungen der Seminare und die administrativen Aufgaben über den Kopf wachsen.

Die Gebäude des Bard College liegen in der hügeligen Landschaft oberhalb des Hudson River, immer wieder bieten sich Ausblicke in die Weite. Hier kann das Denken frei sein. Heinrich ist »ein begnadeter Denker und Redner«.[15] Zum Seminarbeginn fragt er die Studenten zunächst, wer sie sind. Nicht der Name interessiert ihn, sondern vielmehr, wer sie als Mensch wirklich sind. Trotz eines sorgfältig zusammengestellten Seminarplans geht es ihm weniger um Texte, sondern vor allem darum, dass die jungen Leute selbständig denken lernen. Noch heute erinnern sich ehemalige Studenten an ihren charismatischen Lehrer, der ihr Leben verändert hat. Als Achtzehnjähriger nahm Jack Blum am Common Course teil und ist dankbar dafür, dass Heinrich für die jungen Leute stets ein offenes Ohr hatte und überhaupt ein aufmerksamer Zuhörer war. Von all den Seminaren bei Heinrich ist ihm besonders ein Intensivseminar aus einem Wintersemester in Erinnerung. In diesem Seminar – acht Wochen lang jeden Tag vier Stunden –

sollen die zehn Studierenden ausgewählte philosophische Texte lesen und Kunstwerke betrachten, Mondrian, Picasso, Cézanne, und dazu Stellung beziehen und sich ein begründetes Urteil bilden. Blum meint, von dieser Lernerfahrung habe er ein Leben lang gezehrt.[16] Lois Oppenheim erinnert sich, wie Professor Blücher, wie sie ihn nannten, mit seiner Begeisterungsfähigkeit und Freundlichkeit faszinierte, er war das Highlight des damals so freigeistigen Bard College. Einmal fragten ihn die Studenten, woran er denn glaube. Er meinte: die griechischen Götter, die seien im Leben immer im Spiel. Hannah und Heinrich versuchten ja, alle erlebten Erschütterungen und Einbrüche historisch einzuordnen und somit kognitiv zu verarbeiten.[17]

Hannah ist nur gelegentlich auf dem Bard-Campus zu sehen, Princeton und die University of Chicago sind eher ihre Welt, aber jeder am Bard College hat Respekt vor ihren großen Werken und vor ihrer Meinung. An der University of Chicago lernt sie 1963 einen jungen Studenten der Geschichte und Philosophie kennen. Anlass der Begegnung ist ein Vortrag, den sie über ihr Buch *Eichmann in Jerusalem* hält. Die heftige Kontroverse über ihre Berichterstattung ist darin begründet, dass sie eine Kollaboration jüdischer Organisationen bei den NS-Verbrechen thematisiert. Leon Botstein, damals sechzehn Jahre alt, geht am Ende der Veranstaltung auf die Referentin zu und berichtet ihr von seinem Großvater, einem wohlhabenden jüdischen Industriellen. Dessen Erfahrungen in Lodz hatten ihn gelehrt, dass eine Kooperation mit den Nazis keinesfalls das Schlimmste verhindert, sondern eher das Gegenteil bewirkt hätte. Hannah lädt den aufgeweckten Studenten in ihre Sprechstunde ein, und da gewinnt sie offenbar einen »ausgezeichneten Eindruck« von dem für die Geistes- und Sozialwissenschaften aufgeschlossenen angehenden Musiker.[18] Als Leon Botstein 1975 als Präsident ans Bard College berufen werden soll und die Professoren dort dem jungen Kandidaten skeptisch gegenüberstehen, macht Hannah ihren Einfluss geltend, und so fällt die Wahl auf den gerade einmal Einunddreißigjährigen.[19]

In seiner Einführungsvorlesung an der New School am 25. September 1953 bringt Heinrich seine Einstellung als Lehrender auf den Punkt: In dem Zustand der Beunruhigung und des Traditionsbruchs kristallisieren sich Freiheit und Verantwortung, selbst zu urteilen und individuelle Antworten auf die Frage zu finden: »Was können wir tun?« Nicht mehr die Frage danach, was wir entsprechend religiösen oder ethischen Prinzipien tun sollen, sondern die Frage, was wir tun können, steht im Mittelpunkt. Diese Grundfrage trifft sich genau mit Hannahs deutschem Untertitel ihres zweiten großen Werkes, *Vita Activa oder Vom tätigen Leben*, das 1960 auf Deutsch erscheint, zwei Jahre nach der amerikanischen Ausgabe *The Human Condition*. Beiden geht es um eine Freiheit, die sich erst eigentlich im Handeln äußert. Individuelle Freiheit bedeutet, Selbsterkenntnis zu erlangen, um zu verstehen, was wir tun können und welches Handeln moralisch richtig ist, basierend auf absolut unabhängigem und freiem Denken. Ebendiese Freiheit will Heinrich vermitteln, aber er merkt auch, wie viel er da verlangt. Rückblickend meint er, seine Seminarteilnehmer wären wohl lieber der letzte Mensch als dieser freie Mensch.[20] Hannah kommt in ihrem Essay »Freiheit und Politik« zu einem ähnlichen Schluss, nämlich dass Freisein nur im Handeln erfahren wird, ja, erst eigentlich mit dem Handeln beginnt und den Menschen als Menschen ausmacht. »Solange man handelt, ist man frei, nicht vorher und nicht nachher, weil Handeln und Frei*sein* ein und dasselbe sind.«[21] Solches Handeln wird von einem leitenden Prinzip inspiriert, das nun des Handelns bedarf, um wirklich zu werden. So verstandene Freiheit beschränkt sich nicht auf Gedankenfreiheit oder auf Willensfreiheit, sondern ist performativ und verwirklicht sich im Handeln.

In seiner letzten Vorlesung an der New School im Frühjahrssemester 1954 kommt Heinrich nochmals auf die Freiheit zu sprechen. Es mag erstaunen, dass er sich als letzten der großen Männer der Geistesgeschichte Jesus auswählt, der ihn allerdings nicht als religiöse Figur, sondern als besonderer Mensch interessiert: Jesus »war der Entdecker des Konzepts von Freiheit in der eigentlichen Bedeutung«, also habe er für ein ganz neues Denken in der Geschichte der westlichen Welt gestanden.[22] Heinrich sieht in Jesus einen Menschen und nicht etwa den Sohn Gottes, einen Menschen, der den Willen zur Liebe gelebt habe. Genau wie Hannah geht es Heinrich um Worte und Taten als wichtigste Parameter des menschlichen Lebens. Nach Heinrichs Darstellung und Auswahl an Bibelzitaten zeigt Jesus, dass jeder Mensch die kreative Fähigkeit der Liebe besitzt. Wie er zusammenfasst: Er zeigte jedem, was jeder tun kann.[23] Im Einklang mit Hannahs Freiheitsbegriff stellt Heinrich Jesus vor als einen Menschen, der aus sich selber ein moralisches Bewusstsein hat und sich entsprechend frei anderen Menschen gegenüber verhält – frei und nicht etwa durch höhere Instanzen bestimmt. Für Hannah steht Jesus für das freie Wollen, das sich aus einem höheren Ethos ergibt. Davon abgesehen sieht sie in Jesus etwas abstrakter den Anfang einer neuen Geschichte, also weniger eine historische Gestalt als den Auslöser eines historischen Umbruchs. Seine Botschaft bedeutet, die Welt nicht mehr vom Tod, sondern vom Leben her zu verstehen; auch wenn die Welt vergeht, bleibt der Glaube an das Leben. In *Vita Activa* stellt sie Jesus als den Lehrer der Vergebung dar, als einen Menschen, der als Mensch – und nicht etwa als ein Gott – dem anderen vergangenes Übel vergeben kann und somit ein menschliches Miteinander erlaubt.[24] Jesu Wunder initiieren so gesehen neue, unerwartete Taten oder Ereignisse, die anders nicht hätten geschehen können – angefangen mit der Geburt Jesu, welche die Idee von Natalität, »Gebürtlichkeit«, konkretisiert.

Die diversen Lehrtätigkeiten stehen unmittelbar im Zusammenhang mit beider Auseinandersetzung mit dem Totalitarismus: Hannahs *Elemente und Ursprünge totaler Herrschaft*, das 1951 in den USA veröffentlicht wird, geht nicht nur in ihr Seminar *The Great Tradition and the Nature of Totalitarianism* ein, das sie im März/April 1953 an der New School hält, sondern auch in ihre sechs Vorlesungen an der Princeton University. Wie schon erwähnt, ist sie im Rahmen der Christian-Gauss-Seminare in Kritischer Theorie eingeladen, über Karl Marx und die Tradition des westlichen politischen Denkens zu sprechen und mit den Studierenden darüber zu diskutieren. Karl Jaspers teilt sie mit: »In Princeton werde ich über Marx in der Tradition der politischen Philosophie sprechen. Je mehr ich Marx lese, je mehr sehe ich, dass Sie recht hatten: Er ist weder an Freiheit noch an Gerechtigkeit interessiert. (Und ein Patentekel.)«[25] Ihre kritische Auseinandersetzung mit dem Marxismus ist gedanklich verflochten mit Heinrichs ehemaligem kommunistischen Engagement in der KPD und vor allem seiner Auseinandersetzung damit.

In ihrem Vortrag über »Revolution und Freiheit«, den Hannah 1966/67 an der University of Chicago gehalten haben muss, beobachtet sie im Rückblick auf die beiden großen Revolutionen der Neuzeit, die Amerikanische und die Französische Revolution, den »Zusammenbruch von Autorität und Macht«. Daraus ergibt sich »die Erfahrung, frei zu sein, mit dem Beginn von etwas Neuem, mit – metaphorisch gesprochen – der Geburt eines neuen Zeitalters ... Frei zu sein und etwas Neues zu beginnen, war das Gleiche«.[26] Dieser Freiheitsbegriff hat nach der Zerstörung des Politischen durch den Totalitarismus eine neue Aktualität. Die »unvergleichliche Erfahrung, frei zu sein für einen Neuanfang«[27], stellt Hannah als den radikalen Erfolg der Welt dar, in der sie beide leben – und in der wir weiterhin leben, insofern wir uns das Denken von Hannah und Heinrich zu eigen machen und es wagen, radikal neu zu beginnen. Nicht mehr – wie beispielsweise in der Philosophie Heideggers – um das Leben zum Tode geht es ihr, sondern vielmehr um unser Leben von der Geburt her gedacht. Das Denken beginnt mit dem radikalen Neubeginn: Es geht um »die Freiheit, etwas in die Wirklichkeit zu rufen, das es noch nicht gab, das nicht vorgegeben ist, auch nicht für die Einbildungskraft, und zwar deshalb, weil es als Gegebenes noch gar nicht bekannt ist.«[28]

Hannah und Heinrich bezweifeln, dass die Vernunft allein den Weg zur Wahrheit weist. Vielmehr sind es die Künste, die traditionelles philosophisches Denken beleben können. Für Hannah ist es vor allem die Dichtung, die dem Denken nahesteht und uns in unserer Menschlichkeit trifft: »So bleiben Gedichte, unter den Gedankendingen der Kunst, dem Denken als solchem an engsten verhaftet …«[29] Dabei bedarf diese Kunst des Austauschs mit anderen: Die Virtuosität der Freiheit braucht, ganz ähnlich wie die darstellende Kunst, ein Publikum. Im Rückgriff auf die Griechen erinnert Hannah daran, dass solches politisches Tun eine performative Kunst ist und demnach nicht ohne Virtuosität auskommt. Was aber nun nicht heißt, dass virtuose Freiheit eine Kunst ist, denn sie ist im eigentlichen Sinne nicht kreativ, sondern inspiriert durch das Prinzip Freiheit, steht also im Dienste der Freiheit. So verstandenes Denken ist eine Tätigkeit, wie sie in ihrem *Denktagebuch* notiert, es ist eine darstellende und nicht etwa eine schöpferische Kunst, »A performing art, not a creative art«[30] – also, eine Kunst, die sich auf eine Vorlage bezieht und diese metaphorisch erfasst und umsetzt.

Heinrich scheint hier der gleichen Überzeugung zu sein, er gestaltet seine Vorlesungen als Performance, der Seminarraum ist seine Bühne, und er lädt die Seminarteilnehmer ein, an diesem Event teilzunehmen. Mit diesen Auftritten inspiriert er seine Schüler enorm. George Rose weiß noch, wie sie nach einer Sitzordnung um einen langen Tisch herum saßen, je nachdem, wie wichtig Heinrich das Studienfach seiner Seminarteilnehmer fand, angefangen bei der Philosophie über die Mathematik bis zu Geschichte und Kunstgeschichte. Wenn Heinrich den Seminarraum betrat, legte er erst einmal seine goldene Taschenuhr auf dem Tisch ab, kramte Zigarrenhalter und Zigarre hervor, zündete sich die Zigarre an, ehe er zur Sache kam: Buddha steht auf dem Seminarplan. Die Studierenden bewunderten ihn als Performance-Künstler, der sie vor allem das Leben lehrte. Einmal lieh er George Rose über das Wochenende seinen Plattenspieler aus, damit er sich mit einer hübschen jungen Studentin klassische Musik – Beethovens späte Streichquartette – anhören und mit ihr anbandeln konnte. Daraus wurde nichts, die junge Frau hatte keine Lust zu solchen Gesprächen, aber die Lehrer-Schüler-Beziehung blieb lebendig.[31] Für Hannah ist das »auf dem Präsentier-Teller-Stehen« undenkbar. Während sie im Frühjahr 1955 als Gastprofessorin in Berkeley unterrichtet, wird ihr der Unterricht zu viel, selbst wenn die Studenten von ihr offenbar begeistert sind – ganz anders als ihre Kollegen.[32] Ihr gefällt, dass sie Teilnehmer aus verschiedenen Fachbereichen hat, die sich anständig benehmen und sich nicht herumräkeln, wie Heinrich es in Bard erlebt. Doch insgesamt ist Hannah wenig angetan vom amerikanischen Universitätswesen, von den Anforderungen des Campuslebens und vom in ihren Augen affektierten Stil der Professoren. Heinrich wiederum langweilen die Leute, während er das Gespräch mit Hannah entbehrt. Auf den entgegengesetzten Seiten des Kontinents fühlen Hannah und Heinrich sich einsam. Das Telefongespräch an den Sonntagen ist das Highlight der Woche, und am Semesterende können sie das Wiedersehen kaum erwarten.

Im Frühjahr 1959 kommt Hannah als Gastprofessorin nach Princeton zurück und lehrt über »The United States and the Revolutionary Spirit«, was in ihr 1963 veröffentlichtes Buch *On Revolution* (*Über die Revolution,* 1965) und in *Vita Activa* eingeht – nicht zuletzt im Geiste ihres revolutionär gestimmten Ehemanns. Für sie bedeutet dieser revolutionäre Geist eine Gleichzeitigkeit von Stetigkeit und Neubeginn. Ähnlich wie sich Hannah und Heinrich immer wieder auf die Tradition zurückbesinnen und davon ausgehend neue Wege eröffnen, versteht sie diesen revolutionären Geist als Gründung einer neuen politischen Körperschaft, die wiederum auf Stetigkeit angelegt ist. Auch wenn sie das unausweichliche Gewaltpotential einer Revolution erkennt, liegt ihr Fokus auf der Begeisterung des Neubeginns – ähnlich wie Heinrich sich in seinen Vorlesungen auf die Meister historischer Krisen wie beispielsweise Jesus und Buddha, Sokrates und Homer konzentriert und stets deren Mut zu Neuanfängen betont. Jedenfalls eröffnen beide in ihren Seminaren neue Denkhorizonte. Strukturell ruht dieses Denken nicht auf »entweder-oder«, schwarz oder weiß, sondern auf einem »sowohl als auch«. In die Lehre und die Gespräche mit den Seminarteilnehmern beziehen sie die ganze Widersprüchlichkeit historischer und politischer Analysen ein. Diese Konzepte sind im Miteinander-Denken der Ehepartner entstanden, während sie ihre Erfahrungen gemeinsam verarbeiten. Zweifellos sind auch die Gespräche und Vorträge im wachsenden Kollegen- und Freundeskreis inspirierend – für den partnerschaftlichen Dialog über die Brüche mit der Tradition und über die Aufbrüche.

Ende Mai 1961 nimmt Hannah an einer Tagung der Studienstiftung des deutschen Volkes in der Eifel teil und ist von dem ungeheuren Generationenbruch erschüttert: Die Studenten interessieren sich kaum für die NS-Vergangenheit, zumal sie keine Ansprechpartner haben, weil ihre Väter »in die Nazi-Sache verstrickt waren«.[33] Ebendeshalb sind sie begeistert von dem Gespräch mit ihr und offen für eine neue politische Zukunft. Als Gerhard Casper[34] 1966 als Professor für Verfassungsrecht an die University of Chicago berufen wird, besucht Hannah gern ihn und seine Frau Regina. Gemeinsam mit ihm entwickelt sie ein Seminar für ihre Studenten im Programm Social Thought und für seine Jurastudenten, in dem es um Fragen Internationalen Rechts im Hinblick auf den Vietnamkrieg geht. Heinrich reagiert auf Hannahs Bericht über die Misere an den deutschen Hochschulen, indem er in den aufgeweckten Studenten einen Hoffnungsschimmer sieht; aber auch er beklagt die politische Stimmung der 1960er Jahre, die aus seiner Sicht als Hochschullehrer die menschliche Freiheit, zu denken und der Wahrheit nachzugehen, einschränkt. Er fordert, dass nicht nur in der akademischen Lehre die Freiheit garantiert sein müsse. Mit Karl Jaspers tauscht er sich über dessen *Idee der Universität*[35] aus, ein Buch von 1923, das der Autor unter dem Eindruck der Studentenbewegung neu herausgibt. Die Freunde sind sich darin einig, dass eine Menschenbildung gefordert ist, die ethische und moralische Kriterien berücksichtigt und weder auf Geld noch auf Erfolg spekuliert. Vielmehr muss es darum gehen, in einer zunehmend komplexen Welt mit Anderen respektvolle Kontakte aufzubauen. Am Anfang aber steht die Selbsterkenntnis und die Frage nach den eigenen Lebensaufgaben. Heinrich fühlt sich nach dem Besuch bei Jaspers in seiner pädagogischen Aufgabe bestärkt.[36]

Hannah macht mit ihren Stellungnahmen zur Studentenbewegung der 68er-Zeit mit Kritik an den bestehenden Verhältnissen und am Traditionsbestand der Gesellschaft auf sich aufmerksam, indem sie in *Macht und Gewalt*[37] über die notwendigen oder auch überfälligen Erneuerungen an den Hochschulen sowie über die moralisch motivierten friedlichen Studentenproteste auf beiden Seiten des Atlantiks reflektiert. In den USA wirkt der Widerstand gegen den Vietnamkrieg als treibende Kraft, während in Deutschland die Argumentation von Marxismus, Psychoanalyse und Imperialismustheorie mit bestimmt ist. Unweit ihrer ersten New Yorker Wohnung, im Morningside Park, findet ein wichtiges Ereignis der 68er-Bewegung statt: Für die Columbia University, an der auch Hannah 1960 als Gastprofessorin gelehrt hat, soll eine Sportanlage gebaut werden, die Anlass für allerlei Kontroversen ist. Bei den Unruhen demonstrieren Studierende nicht nur gegen den Bau, sondern vor allem gegen die Rassentrennung und den Vietnamkrieg. Aus Protest gegen ihre Alma Mater verlagern zahlreiche Studienabsolventen des Jahrgangs 68 ihre Abschlussfeier in den Morningside Park. Hannah begrüßt die amerikanische Anti-Kriegs-Bewegung, während sie die deutschen Studenten mit ihrer Theorielastigkeit kritisiert. »In Deutschland ist die Bewegung auch in praktischen Dingen ziemlich hilflos – sie kann Radau machen, aber außer Sprechchören nichts organisieren; in Amerika, wo sie unter Umständen Hunderttausende auf die Beine bringt, um in Washington zu demonstrieren, ist sie in dieser Hinsicht, in der Begabung zum Handeln, großartig! Aber die theoretische Sterilität ist in beiden Lagern die gleiche – nur daß man in Deutschland, wo man so gern theoretisch daherredet, mit veralteten, durchweg aus dem 19. Jahrhundert stammenden Begriffen und Kategorien hausieren geht, beziehungsweise sie sich an den Kopf wirft, von denen keine modernen Verhältnissen entspricht. Das hat mit Nachdenken nichts zu tun.«[38] Ungeachtet dieser Kritik sehen beide in der Lehre, im öffentlichen Diskurs, das Potential für gesellschaftlichen Wandel, ebendeshalb setzen sie sich für die jungen Akademiker ein.

Heinrich seinerseits verlagert einen Teil der Diskussionen an den Rand des Hochschulgeländes. In einer Kneipe etabliert er einen Stammtisch, zu dem sich regelmäßig einige seiner Kollegen und interessierte Studierende treffen. Gelegentlich gesellt sich auch Hannah dazu und nimmt am Kopfende des Tisches Platz. Alle Beteiligten wissen um ihren Rang und Namen, und sie nimmt geduldig am Gespräch teil. In diesem halböffentlichen Raum wird nicht so sehr über Hochschulpolitik diskutiert als vielmehr über die drängenden Fragen der gesellschaftlichen Verantwortung.[39]

Beide scheinen sich einig zu sein, dass Philosophie und Politik sich nicht etwa gegenseitig ausschließen, sondern vielmehr bedingen und verstärken. Das Dringen auf Verstehen führt zu einer verantwortungsvollen Teilhabe am demokratischen Geschehen.

KAPITEL 6

Die Denkenden – »*Denken ohne Geländer*«

Für Hannah und Heinrich basiert die Freiheit des Denkens auf der Tradition sowie auf der Freiheit, die überlieferten Werte und Normen, Religion und Philosophie zu erneuern. Nach der Shoah scheint die westliche Tradition an ihr Ende gekommen und gewohnte moralische und politische Kategorien scheinen irrelevant geworden zu sein. Aufgrund dieser Brüche ergibt sich die Chance zu Aufbruch und Neubeginn. Etwas Vorgefertigtes wie Antworten oder Handlungsmaximen kann an diesem Punkt des Übergangs nicht genügen. Einverständnis wird nicht erwartet, Konsens wäre eine veraltete Maxime. Manchmal jedoch ergibt sich in diesem Suchen, Zuhören und Wahrnehmen überraschend eine wahrhaftige Begegnung – »es gibt eben Nähe, die von allein immer näher wird«.[1] An diesem Punkt, wo ein Grundeinvernehmen das vorbehaltlose Denken beflügelt, treffen Hannah und Heinrich sich immer wieder, gelegentlich auch mit ihren Freunden. Um der Sache willen zu streiten gehört zum Miteinander – »Du das Teufelchen und ich der alte Poltergeist im Hause.«[2] In der gemeinsamen Auseinandersetzung der Kriegs- und Nachkriegsjahre gedeihen Hannahs *The Origins of Totalitarianism* (1951) / *Elemente und Ursprünge totaler Herrschaft* (1955) ebenso wie Heinrichs Essays »Das Perpetuum Mobile. Staat und Armee des Faschismus« (1943) und »Nationalsozialismus und Neonationalismus« (1949).[3] Ihr Opus magnum hat Hannah bereits gegen Kriegsende konzipiert, zuerst auf Englisch verfasst und später mit Ergänzungen selbst ins Deutsche übertragen. Zweifellos sind diese Texte Ergebnis ihrer beider traumatischer Erfahrungen sowie gemeinsamer Gespräche, aus denen sich die Ähnlichkeit beider Autoren in der Argumentation und im Vokabular erklärt. So erscheint es plausibel, dass Hannah das Totalitarismus-Buch ihrem Mann widmet, der seinerseits darzustellen versucht, wie totalitäre Strukturen, exemplifiziert am Nationalsozialismus, Denken und Urteilskraft systematisch zerstören. Gegen Ende ihrer Arbeit am Totalitarismus-Buch beginnt Hannah im Juni 1950, in einfachen Notizbüchern ihre Gedanken festzuhalten. Es ist ihre Art, im Dialog mit sich selbst zu denken, Gespräche zu vertiefen, Begriffe von Klischees zu lösen und neu zu fassen sowie ihrem Schreiben präzisere Konturen zu verleihen. Bis 1973 setzt Hannah diese Form des Tagebuchs fort, doch 1970, nach dem plötzlichen Verlust ihres Lebensgefährten, scheint es auszuklingen. Zwei Monate nach Heinrichs Tod lautet die erste Notiz des neuen Heftes »1971 / ohne Heinrich«.[4] Die Einträge werden seltener und kürzer, seine Anregungen und das gemeinsame dialogische Denken fehlen ihr.

In all den Jahren des gemeinsamen Lebens und Denkens gehören immer auch Spannungen und Widersprüche dazu. Während es Hannah darum geht, die historischen Bedingungen totalitärer Herrschaft aufzuzeigen, ehe sie die Terrorregime des 20. Jahrhunderts analysiert, widmet Heinrich sich vor allem dem Entstehen des Nationalsozialismus. Ausgehend vom 19. Jahrhundert der Bourgeoisie faltet Hannah die Entstehungsgeschichte totaler Herrschaft auf, der ein Zerfall des Nationalstaates vorausgeht. In den beiden ersten Teilen des Buches, über Antisemitismus und Imperialismus, geht sie historisch vor und zeigt die geistesgeschichtlichen Ursprünge dessen auf, was sie im dritten Teil »Totale Herrschaft« analysiert. Als Ursprung des Totalitarismus sieht sie geistesgeschichtliche Phänomene, die nicht etwa kausal, sondern eher fatal in totalitäre Regime münden. Während der Arbeit am Totalitarismus-Thema verfolgt Hannah die aktuellen Nachrichten und Publikationen, die über die Konzentrations- und Arbeitslager Hitlers und Stalins nach Amerika gelangen. Hannah und Heinrich erkennen, dass diese Varianten organisierten Terrors notwendige Mittel der totalitären Regime Nationalsozialismus und Stalinismus sind.

In den geistigen Strömungen des 19. Jahrhunderts, in der Romantik und im Idealismus, sieht Heinrich den Grund für die Bereitschaft der Menschen, sich von Illusionen blenden zu lassen. Zu den konstituierenden Elementen, die totalitäre Herrschaft ermöglichen und jeglicher Freiheit entgegenwirken, gehören Ideologie, Pseudowissenschaft und die Atomisierung der Gesellschaft. Diese Mechanismen setzen den Traditionsbruch der Moderne voraus, der radikal auch das Denken, insbesondere die Philosophie befallen hat. Wie Hannah bei ihrem ehemaligen Lehrer Martin Heidegger beobachtet, haben sich Philosophie und Wissenschaft aus der Welt und aus dem Politischen zurückgezogen. Auch die Intellektuellen verweigern sich einer Öffentlichkeit, die ein beobachtendes Korrektiv sein sollte, worin sie den Weltverlust der Moderne und eine Flucht in die Metaphysik sieht. In ebendieser Kritik mag begründet sein, dass sie sich nicht als Philosophin verstehen möchte, sondern der politischen Theorie zuwendet. Beider Absage an die Philosophie hat mit den Erfahrungen der NS-Zeit zu tun, aus denen sie zu der Einsicht gelangen, dass unbedingt der Raum des Politischen neu gestaltet werden muss.

Ideologien zeichnen sich, so Hannahs Analyse, durch ihren quasi wissenschaftlichen Charakter aus. Ihre Funktion ist es, die Geheimnisse der Geschichte sowie die Ungewissheiten von Gegenwart und Zukunft zu klären, dies ist ihr »Anspruch auf totale Welterklärung«.[5] Der Nationalismus ersetzt Recht und Freiheit durch ideologische Erklärungsmuster. Es liegt in der Natur der Ideologie, losgelöst von Erfahrung eine Eigenlogik mit daraus folgenden Prinzipien politischen Handelns zu entwickeln. Ähnlich wirft Heinrich die Frage auf: »Wer dreht uns das Wort im Munde um und verwandelt unsere Tat in eine Untat?«[6], und fragt somit implizit, wer – und nicht etwa was – uns daran hindert, selbständig zu denken, und wer die Macht hat, unsere guten Absichten zu diskreditieren. Ein ideologisches System macht sich die nationalen oder sozialen Nöte der Menschen zunutze, um den eigentlichen Zweck zu erreichen, also, Macht zu erlangen und zu erhalten und die Freiheit des Denkens und Handelns einzuschränken.

Genauer betrachtet sind es mythische Elemente von Klasse und Rasse – oder auch Klassen- und Rassenfetische –, die Macht konsolidieren. Ein Führer repräsentiert als Erlöser den jeweiligen Mythos, der den Menschen die Freiheit, zu denken und selber Verantwortung zu tragen, entwindet. Um diesen Mythos entwickeln sich Kulte, die selbst Konzentrations- oder Vernichtungslager als Teil der Ideologie legitimieren. Nichts an den Fetischen ist Wirklichkeit, dennoch haben sie massive Wirkung, da sie die menschliche Freiheit vernichten.[7] Kulte und Ideologien wirken deshalb so destruktiv, weil sie die Klarheit des Denkens trüben und die Integrität des Menschen zerstören. Heinrich meint, der Aberglaube an das Blut, wie das Rassedenken ihn schürt, paktiere mit dem Teufel. Damit windet die Ideologie den Menschen die moralische Urteilskraft aus der Hand. Ganz ähnlich hebt Hannah Rasse – oder das Rassedenken – als Strategie heraus, die Wissenschaftlichkeit vorgaukelt, aber letztlich politischen und ideologischen Zwecken dient. Rassedenken exemplifiziert, wie eine Ideologie funktioniert: Ein Begriff, eine Idee, bringt eine gewisse Logik mit sich, aus der sich dann zwangsläufig Entscheidungen ergeben. Wenn die Erfahrungen, Wünsche oder Überzeugungen der Zeit eine politische Waffe brauchen, bietet sich diese pseudowissenschaftliche Gesetzmäßigkeit an.[8] Desgleichen ist Hannah alarmiert darüber, dass Wissenschaftlichkeit das Böse in den Mittelpunkt einer Ideologie stellen und wiederum Moral und Ethik außer Kraft setzen kann. Ideologie schafft so einen Ersatz für den Verlust der Freiheit des Urteilens. Gegen Ende der 1950er Jahre wird Hannah, unter dem Sputnik-Schock, nochmals auf die Gefahren der Wissenschaft eingehen und anmerken, »dass wir erheblich mehr erkennen und daher auch herstellen können, als wir denkend zu verstehen vermögen ... Die Wissenschaftler leben also bereits in einer sprach-losen Welt, aus der sie qua Wissenschaftler nicht mehr herausfinden.«[9] Diese Sprachlosigkeit bedeutet, dass Moral und Sinn nicht innerhalb der Wissenschaft ausgehandelt werden. Erst wenn die Menschen über ihre Erfahrungen sprechen, werden diese zu sinnvollen Erkenntnissen. Das Nachdenken über totalitäre Strukturen und die katastrophalen Auswüchse von Ideologien ermöglicht eine auf die Zukunft gerichtete, wachsame sprachliche Auseinandersetzung.

Als weiteres Element von Ideologie nennen beide die Atomisierung der Gesellschaft – Hannah beobachtet Selbstverlust und Gleichgültigkeit in totalitären Bewegungen, die sich der Ergebenheit atomisierter und isolierter Individuen bedienen[10], Heinrich spricht von »Vermassung und Versklavung«.[11] Die Vereinsamung des Einzelnen wird kompensiert durch die Zugehörigkeit zu einer Masse. Jedoch führt dieses Massenphänomen zu einem Mangel an sozialen Beziehungen, da Familie und Freunde nicht mehr zählen und Kontaktlosigkeit und Entwurzelung den Alltag bestimmen. Für einen Dialog, für Hannah und Heinrich eine Grundvoraussetzung eines verantwortlichen Lebens, gibt es da keinen Raum. Trotz der Unterschiede in der Argumentation verfolgen beide ähnliche Ziele: Hannah baut präzise Beispiele in ihr poetisches Schreiben ein und liefert somit eine historische Analyse des Nationalsozialismus und Hitlers totaler Herrschaft sowie des Bolschewismus und Lenins Politik, um »aus diesem Ende einen neuen Anfang entstehen zu sehen«.[12] Hingegen sucht Heinrich nach »neuem Rüstzeug« und bleibt somit weiterhin der politische Aktivist, der mittels der Sprache die Methoden der Ideologie durchschauen und gegen diese angehen möchte. Analytische Distanz oder eine akademische Wortwahl liegen ihm fern. Sie hingegen ist die Theoretikerin, die Sprache und Tun gleichsetzt.

Es wäre unangemessen, ihr einflussreiches Jahrhundertwerk mit seinen kaum bekannten Essays vergleichen zu wollen, Tragweite und Substanz von *Elemente und Ursprünge* stehen außer Frage. Aber beide verarbeiten in diesen Texten ihre Fluchterfahrungen und erreichen durch ihr Denken, Sprechen und Handeln einen radikalen Neuanfang. Daraus ergibt sich eine Freiheit des Denkens, die ihrer beider geistige Arbeit bestimmt und die immer wieder Hoffnung vermittelt – in der Lehre und im Schreiben.

Fünf Jahre nach Heinrichs Tod kommt Hannah noch einmal auf die gemeinsamen Untersuchungen zu Ideologie und Freiheit zurück. Anlässlich der 200-Jahr-Feier zur Unabhängigkeit der Vereinigten Staaten am 20. Mai 1975 ist sie zu einem Vortrag nach Boston eingeladen. Hier erklärt sie, dass öffentliche Lügen in totalitären Regimen erfolgreich sind, weil diese mit ihren Narrativen ebendiese Lügen glaubhaft machen. Als Beispiel erinnert sie an die ideologische Fiktion, dass eine Verschwörung der Juden die Welt kontrolliere. Dem könne nur die Erinnerung an die ursprüngliche Idee der amerikanischen Republik entgegenwirken, im Sinne der in der Verfassung proklamierten Freiheit.[13] Ihr Appell wird mit Aufmerksamkeit wahrgenommen: Der damalige Senator Joe Biden, zu dem Zeitpunkt Mitglied des Komitees für Auswärtige Beziehungen, schreibt Miss Hannah Arendt mit der Bitte, sie möge ihm ihr Manuskript schicken, er habe in der *New York Times* über ihren

Vortrag gelesen. An den systematischen Lügen der Gegenwart fällt ihr auf, dass sie nicht etwa Staatsgeheimnisse hüten, sondern dazu angetan sind, das Image der Regierung zu verbessern. Die Lügengeschichten manipulieren die öffentliche Meinung und lenken von den Tatsachen ab. Sie verführen dazu, die Realität zugunsten von Bildern und Fantasien aus dem Blick zu verlieren. Konkret bezieht Hannah sich auf den Vietnamkrieg, auf Watergate und die McCarthy-Ära, deren Narrative den Fortschritt Amerikas darstellen sollen. Früher habe die Größe der Vereinigten Staaten darin bestanden, Rechenschaft abzulegen über Gut und Böse, und dies um der Freiheit willen.[14] Diese Freiheit klagt Hannah ein, über sie hat sie zeit ihres Lebens nachgedacht, dreißig Jahre lang zusammen mit ihrem Mann – jeder auf seine Weise. Als primäre Waffe gegen Lebenslügen und drohende Ideologisierung wählt sie die Sprache und hier in erster Linie ihre politischen Analysen, während er sich mit seiner rhetorischen Gabe vor allem der Lehre widmet.

Theoriekritisch oder antiideologisch zu denken und dadurch zum Handeln zu gelangen – diese Prämisse von Hannahs sprachlicher Ausdruckskraft und Heinrichs pädagogischem Ansatz entstammt ihrer beider Grundüberzeugung: Es geht um die richtigen Fragen, nicht etwa um Antworten. Über welche Themen sie nachdenken und zu welchen Erkenntnissen sie kommen, bestimmt auch, mit welchen Verfahren sie denken: also, wie sie sich einem Verstehen der Welt und konkreten Erfahrungen widmen und wie sie dies sprachlich zum Ausdruck bringen – sie in ihrer Schreibwerkstatt, er in seinen Vorlesungen. Beide beziehen sich auf die Geschichte, die Philosophie, das politische Denken. Am Übergang zu einer neuen Epoche genügen die erprobten Methoden dieser Disziplinen nicht mehr. Vielmehr wird Geschichte sinnvoll als ein Narrativ, das an aufgefundenen Fragmenten Sinn schafft. Wenn Hannah den gemeinsamen Freund Walter Benjamin als »Perlentaucher« bezeichnet, so skizziert sie hier auch ihr eigenes Verfahren: eine fragmentarische Geschichtsschreibung, die an historischen Umbrüchen das kreative Potential auffindet, das es für die Gegenwart nutzbar zu machen gilt. Das Sammeln von exemplarischen Fundstücken praktizieren die beiden Denkenden zuerst im zurückgezogenen Dialog, der dann in der Öffentlichkeit politische Wirksamkeit entfalten wird.

Ein weiteres Verfahren – von Heidegger angeregt[15] – ist die Dekonstruktion, das Neuentdecken ursprünglicher Bedeutungen, die von der Tradition verstellt oder verformt sind. Voraussetzung dafür ist die Bereitschaft, eigenes Unwissen zuzugeben und die Sprache sensibel einzusetzen. Die Krise, die absolute Verunsicherung durch den Verlust tradierter Werte und den Mangel an Öffentlichkeit, fordert eine erneuerte Sprache. Hannah bietet das Hin und Her zwischen der Muttersprache und der Sprache ihrer neuen Heimat die Möglichkeit, mehr als nur eine Perspektive einzunehmen. Zudem eröffnet ihr die Zweitsprache, über ihr philosophisches Denken hinauszugehen und deutlicher politisch zu denken. »Man kann gar keine Sprache sprechen, wenn man nicht in ihr denkt. Nun ist die Sache so. Die englische Sprache – und nicht ganz so die französische – eignen sich in der Tat unvergleichlich besser, politisch zu denken, weil ja die politische Tradition dieser Länder eine viel größere ist und infolge dessen auch die Tradition des politisch Gedachten.«[16] Im Deutschen steht ihr der Schatz der deutschen Philosophie, von Literatur und Dichtung zur Verfügung, der ihre Denkweise bereichert,[17] im Englischen lässt sie sich von den Dichtern unterstützen. Ganz konkret helfen ihr die Freunde W.H. Auden, Randall Jarrell und Mary McCarthy, das Englische souverän zu beherrschen. Ganz anders als Heinrich, dem das Englische weiter fremd bleibt, kommt Hannah die »Vieldeutigkeit, die mit der Sprache und vor allem mit den Sprachen gegeben ist«, entgegen. Zeitgemäßes Denken in einer komplexen Welt kann »die künstlich gewaltsame Vereindeutigung des Vieldeutigen« nicht zulassen und hat die Pluralität der Welt anzuerkennen.[18] Daher übersetzt Hannah ihre eigenen Bücher nicht, sondern schreibt sie in der anderen Sprache neu. Der Reichtum beider Sprachen vervielfältigt, vertieft und ergänzt ihre Denkweise. Heinrich nimmt die neue Situation hin, doch so bewusst wie Hannah nutzt er sie nicht. Die beiden politischen Essays verfasst er noch auf Deutsch, seine kunsthistorischen und philosophischen Seminare hält er auf Englisch. Das Vergnügen an der Rhetorik lässt er sich allerdings nicht nehmen, unabhängig von der Sprache.

Hannah und Heinrich richten den Blick auf die Beziehungen der Menschen, implizit auch auf ihre eigene. Das gemeinsame Nachdenken ist essenziell für die Beziehung und für ihrer beider kreative Arbeit sowie für ein Ankommen in der Gegenwart. Die Privatsphäre bleibt dabei offen für politisches Denken, für einen öffentlichen Diskurs. Die Kommunikation mit dem Anderen ist fundamental für ein freies Denken, denn auch wenn wir nur mit uns selbst sind, denken wir dialogisch. Dies bedeutet zugleich, Ambivalenz oder Pluralität zuzulassen, ein komplexes Denken mit sich und anderen zu befürworten.[19] Da entsteht für die aus ihrer Heimat Geflüchteten eine Art freier Zugehörigkeit. »... wenn andere Menschen verstehen – im selben Sinne, wie ich verstanden habe –, dann gibt mir das eine Befriedigung wie ein Heimatgefühl.«[20] Auch Heinrich geht es um den Prozess des gemeinsamen Denkens, der zum Verstehen führen kann. »Nicht das Thema ist wichtig, sondern was damit in der Diskussion gezeigt werden kann: also, das Thema dient nur als Modell, um methodisch klar zu machen, wie wir vorgehen und wo die Philosophie Antworten hat, die anders nicht zu beantworten sind.«[21]

Es liegt ihnen fern, sich abstrakten Konzepten zu widmen, Liebe und Glück bedeuten nur etwas, wenn wir sie sinnlich erfahren. Da baut die Metapher die Brücke, weshalb beide den Dichtern zuhören und den dichterischen Mitteln vertrauen. »Metapher und Wahrheit: Wie die Floskel sich ins Wort zurückverwandelt, wie aus der Metapher wieder Wahrheit wird, weil die Wirklichkeit sich eröffnet hat. Wie man ohne dieses Zum-Wort-Werden den Schock der Wirklichkeit nicht aushalten könnte. In diesem Moment, wo die Wirklichkeit sich eröffnet und das Wort ersteht, um sie aufzufangen und dem Menschen erträglich zu machen, ersteht Wahrheit.«[22] Dieser Schock der Wirklichkeit könnte durchaus das Trauma der Flüchtlingserfahrung sein, es kann das Wissen um die Konzentrationslager sein. Doch Hannah ist vorsichtig gegenüber einer Metapher, die nur Erleben repräsentiert. Für Heinrich dient die Metapher als Verbindung von Erfahrungen, metaphorisches Denken erzeugt Korrespondenzen, die Sinn stiften.[23] Spät im Leben, 1975 in ihrer Dankesrede zur Verleihung des Sonning-Preises, kommt Hannah auf die Kraft der Metapher zurück: »Metaphern sind nun mal das tägliche Brot für alles begriffliche Denken.«[24] Dieser Preis für ihren Beitrag zur europäischen Kultur verdeutlicht für sie, auch und gerade im Rückblick auf ihr Lebenswerk, wie in ihren Augen Denken funktioniert.

Der Schatz der deutschen und europäischen Dichtung und Geistesgeschichte ist immer in ihrem Gepäck, das sie mit Heinrich teilt. Beiden verhelfen die bildsprachlichen Strategien, an den jeweils neuen Orten, zuerst Paris, dann New York, tatsächlich anzukommen. Die rechten Worte oder auch Metaphern zu finden, macht das Leben zukunftsträchtig. Diese Art der Wahrnehmung und des Denkens erlaubt es ihnen, politisch zu denken und zu verstehen, ohne sich von politischen Ereignissen überwältigen zu lassen. Nicht immer gelingt dieser Ansatz, denn beispielsweise für die Menschenrechtsbewegung oder später für die Frauenbewegung fehlen die Vorlagen an Metaphern. Dennoch geht es beiden auch darum, noch Unentdecktes aus der Ideengeschichte hervorzuholen. Warum sonst hätten sie sich mit den großen Philosophen der westlichen Zivilisation befassen sollen.

Wenn Hannah meint, Denken sei »Durchsprechen einer Sache mit sich selbst«[25], so wirkt dies wie eine Variante des Dialogs zwischen ihr und Heinrich. Ihr Denken ist nicht auf sich selbst fokussiert, sondern – per Bildsprache – auf einen Austausch über tatsächliche und vitale Erfahrung. Wir sahen schon, wie die Dichtung der Kommunikation in privatesten Beziehungen dient, doch auch in den gesellschaftspolitischen Diskursen wirkt sie erhellend. Denn für das Team Hannah/Heinrich gilt die sich aus metaphorischem Denken und Sprechen entfaltende Urteilskraft als das wesentliche Mittel, Trugbilder zu vermeiden oder zu erkennen. Kritisch denken heißt für sie beide, sich nicht zu erlauben, »Klischees der öffentlichen

Stimmung zu wiederholen«.[26] Somit steht immer alles auf dem Spiel, Klischees dienen ja dazu, die Welt zu ordnen, das Denken zu vereinfachen, vielleicht auch, sich leichte Erklärungen über die Wirbelstürme der Gegenwart zu verfertigen. Dies ist ihrer beider Lebensanliegen: Nicht-Denken zu vermeiden und zum Selber-Denken anzuregen.

Verstehen bedeutet demnach für Hannah und Heinrich nicht etwa einen hermeneutischen Prozess, der zu einer gemeinsamen Sprache führen würde, zu Sinnzusammenhängen oder zur Vermittlung von etwas Sinnhaftem. Darum kann es nicht gehen, wenn wir davon ausgehen müssen, dass die Erfahrungswelten heterogen und veränderlich sind. Verstehen zielt nicht auf Übereinstimmung, sondern darauf, vielseitigen, uneinheitlichen, widersprüchlichen Erfahrungen zu begegnen. Genau darin liegt die Relevanz eines so definierten Denkens für unsere Zeit: In einem offenen Verstehen, das Fremdheit nicht etwa aufhebt, sondern annimmt, kommen wir in der Gegenwart wirklich an. Hannah setzt Verstehen als Mittel ein, sich mit der Welt zu versöhnen. »Im Verstehen findet die alles Handeln erst ermöglichende, vorgängige *Versöhnung* mit der Welt statt.«[27] Alles, was uns widerfährt, müssen wir irgendwie ordnen, um damit umzugehen, so widersprüchlich die Welt, die Begegnungen, die Herausforderungen auch sein mögen. Mit Dissonanzen klarzukommen und unerwartete Herausforderungen angemessen anzunehmen, ohne an ihnen zu zerbrechen, wird uns durch Verstehen möglich.

Verstehen stellt nicht Sinn her, sondern ist in sich sinnhaft, indem es auf die Vielfältigkeit eingeht, es ermöglicht, »neugierig zu sein für *andere* Schicksale«.[28] Diese Einstellung beschränkt sich nicht auf Zeitgenossenschaft und Zeugenschaft, sondern fordert immer auch Neugier für das Überlieferte. Für Heinrich hat Verstehen, so wie er es am Bard College und an der New School lehrt, insofern mit Denken zu tun, als es durch Ethik und Ästhetik zu einer eigenen Sinnfindung führt.[29] Zum Beweis bringt er die Größen der Geistesgeschichte zusammen, jene also, die sich durch ihr freies Denken auszeichneten.

Freiheit ist für beide das zentrale Lebensanliegen. Was können wir tun, heißt, wir sind frei, etwas zu tun, und wir entscheiden, was wir tun. Damit sind wir an einem Punkt, an dem – insbesondere in Zeiten des Umbruchs, der beide immer beunruhigt – etwas beginnt; und wahrscheinlich immer wieder neu beginnt. Die 1950er und 1960er Jahre sind ja Zeiten der Krise: die McCarthy-Ära mit der Verfolgung als Kommunisten verdächtigter Intellektueller, später die Ermordung John F. Kennedys, die Bürger- und Menschenrechtsbewegung mit den Protesten gegen den Vietnamkrieg und die Ermordung Martin Luther Kings. Rückblickend wird Arendt 1975 zusammenfassen, dass »die Republik, dass diese Form der Regierung und ihre Institutionen der Freiheit sich in einer Krise befinden«.[30] Damit verweist sie auf die Forderung und Herausforderung frischer Impulse für Politik und Gesellschaft.

Von Hannahs Dissertation über den Kirchenvater Augustin war schon die Rede, wo sie – ähnlich wie Heinrich in seiner Vorlesung – den Liebesbegriff in seiner Relevanz für ein von Ethik geprägtes Gemeinwesen darstellt. Jahre später verbindet Hannah die Liebeskraft mit dem Freiheitsbegriff, so in ihrem Essay »Die Freiheit, frei zu sein« (zuerst 1965), hier nun nicht mehr im Rückgriff auf eine christliche Figur, sondern auf die beiden großen Revolutionen der Weltgeschichte. Sie beruft sich mit ihrem Titel explizit auf den amerikanischen Philosophen Henry Thoreau, der die Freiheit mit moralischer Verantwortung verknüpft. Thoreau fragte hundert Jahre vor Hannah Arendt: »Welchen Wert hat politische Freiheit, wenn sie nicht Mittel ist für moralische Freiheit? Ist es die Freiheit, Sklave zu sein, oder die Freiheit, frei zu sein, auf die wir stolz sind?«[31] Diese »Freiheit, frei zu sein« bringt den Menschen an den Punkt des Neubeginns und zu einer neuen Weltordnung. Vielleicht bedeutet diese Freiheit in unserer heutigen Sprache Resilienz, die uns in die Lage versetzt, emotionalen, sozialen, politischen Herausforderungen mit Worten und Taten moderat zu begegnen. Hannah und Heinrich verlassen sich nicht auf Utopien, sondern nutzen die Freiheit des Denkens, sich den Tatsachen zu stellen und der Zukunft ins Auge zu sehen.

KAPITEL 7

Liebesleben – »*Liebe ist ein Ereignis, aus dem eine Geschichte werden kann oder ein Geschick.*«

Als Hannah und Heinrich sich finden, liegen romantische Beziehungen hinter ihnen, die wie Kontrastfolien für ihre Ehe wirken. Für sie ist da zuerst das legendäre Liebes- und Denkverhältnis zu Martin Heidegger, das die Nachwelt nicht nur faszinieren sollte, weil es ein »lebenslanges Streitgespräch«[1] zwischen zwei Geistesgrößen des 20. Jahrhunderts war, sondern auch, weil hier unüberwindliche Gegensätze aufeinanderprallten. Danach geht sie ihre erste Ehe mit dem ihrem geistigen und sozialen Niveau entsprechenden Günther Stern ein, die nicht zuletzt an ebendiesen Ähnlichkeiten scheitert. Heinrich hat zwei kurze Ehen hinter sich, mit Lieselotte Ostwald und mit der lettischen Jüdin Natascha Jefroikyn, und wird seine frühe Liaison mit Charlotte Beradt wiederbeleben, als er schon mit Hannah verbunden ist. Naturgemäß wirken diese Beziehungen sich später mittelbar auf die innige und dauerhafte Liebe zwischen Hannah und Heinrich aus, deren verstehende Beziehung alles Frühere überlagert.

Hannahs Romanze mit dem fünf Jahre älteren Ernst Grumach in Königsberg endet, als er 1923 zum Studium nach Marburg geht, um dort bei Martin Heidegger zu studieren. Die beiden haben sich in ihrer Gymnasialzeit kennengelernt, und nun trennen sich die Wege, weil Hannah zuerst im Frühjahr 1924 als externe Schülerin die Schule abschließt. Im Herbst desselben Jahres geht die achtzehnjährige Hannah, Grumachs Empfehlung folgend, ebenfalls nach Marburg. Wie sie sich in ihrer Rede zu Heideggers achtzigstem Geburtstag erinnert: »Da war kaum mehr als ein Name, aber der Name reiste durch ganz Deutschland wie das Gerücht vom heimlichen König. … Das Gerücht erreichte damals diejenigen, welche mehr oder minder ausdrücklich um den Traditionsbruch und die ›finsteren Zeiten‹, die angebrochen waren, wußten; die daher die Gelehrsamkeit gerade in Sachen der Philosophie für ein müßiges Spiel hielten und nur darum bereit waren, sich der akademischen Disziplin zu fügen, weil es ihnen um die ›gedachte Sache‹ oder, wie Heidegger heute sagen würde, um ›die Sache des Denkens‹ ging.«[2] Von Grumach hat sie gehört, dass der charismatische junge Philosophiedozent nicht nur die Philosophie, mit der sie sich schon in der Schulzeit beschäftigt hat, nicht etwa Erkenntnistheorie, Ästhetik, Ethik, Logik und dergleichen durch bodenlose Langeweile Erledigtes, sondern das Denken lehrt.[3] Sie belegt Heideggers Vorlesung über Aristotelische Philosophie sowie sein Platon-Seminar, das auf Griechisch stattfindet.

Mitstudierenden wie Hans-Georg Gadamer oder Hans Jonas fällt Hannah auf: vor allem ihre strahlenden Augen, die zu einem Knoten zusammengebundenen schwarzen Haare, die klaren Gesichtszüge. Ihre Ausstrahlung ist unverkennbar: selbstbewusst und doch schüchtern, hochintelligent und zugleich erotisch. Im November taucht sie, in Regenmantel und Hut, zur Sprechstunde bei dem faszinierenden Dozenten auf – auch er hat sie bereits in seiner Vorlesung wahrgenommen.

Heidegger ist fünfunddreißig Jahre alt, kleidet sich volkstümlich und betont damit seine Herkunft aus einer katholischen Familie im ländlichen Meßkirch, in Oberschwaben zwischen Donau und Bodensee gelegen. Er hat in Freiburg Philosophie studiert und dort 1913 seine Dissertation und zwei Jahre später seine Habilitation abgeschlossen. Aus gesundheitlichen Gründen wird er im Krieg als Post- und Wetterbeobachter eingesetzt, heiratet noch während des Krieges Elfride Petri, mit der er zwei Kinder großziehen wird. 1919 wird er Assistent und engster Mitarbeiter von Edmund Husserl an der Universität Freiburg. Vier Jahre später beruft man ihn zum außerordentlichen Professor an die Universität Marburg, die Kunde von dem Zauberer aus Meßkirch verbreitet sich schnell und lockt junge Intellektuelle aus ganz Deutschland zum Studium in die kleine Stadt an der Lahn.

Nicht nur als Faszinosum in der Lehre, sondern auch als Skiläufer und Sportler ist er bekannt. Er übt sich in der Überwindung des Dualismus von Erkennen und Dasein, von Geist und Natur, und verortet damit seine Philosophie im Erleben.

Gleich bei den ersten Begegnungen springt der Funke über, gegen Semesterende schreibt er dem achtzehnjährigen Fräulein Arendt: »Ich muss heute Abend noch zu Ihnen kommen und zu Ihrem Herzen sprechen. Alles soll schlicht und klar und rein zwischen uns sein. Dann sind wir einzig dessen würdig, dass wir uns begegnen durften. Dass Sie meine Schülerin wurden und ich Ihr Lehrer, ist nur die Veranlassung dessen, was uns geschah. ...«[4] Offenbar versichert er sich der moralischen Erlaubnis zu diesem amourösen Lehrer-Schülerin-Abenteuer, das – so Heidegger – schicksalhaft, ja dämonisch über sie beide kommt. Die Differenz nicht nur der sozialen Rollen und der Lebenserfahrung – er Familienvater und bereits akademisch anerkannt, sie an der Schwelle zum Erwachsensein umschwärmt von jungen Intellektuellen – steht zwischen ihnen, sie entfaltet sich zum philosophischen Topos, den Hannah noch Jahre später in anderen Dimensionen verfolgen wird: Zwischenräume, Übergänge, Krisen. Trotz der Fremdheit, der Unmöglichkeit dieser Beziehung wird sie am Ende ein halbes Jahrhundert andauern, ungeachtet der zunehmenden Spannung zwischen ihr als Jüdin, die vom Antisemitismus existentiell bedroht ist, und dem künftigen Rektor der Freiburger Universität, der sich für die Ziele der Nazis einsetzen wird.

Die geheimen Treffen in Marburg finden in Hannahs kleiner Dachwohnung oder in Heideggers Büro in der Universität statt, entsprechend seinen wechselnden Regieanweisungen. »Willst Du diesen Sonntag Abend (19.VII.) zu mir kommen? Ich lebe in der Freude dieser Stunden. Komm gegen 9 Uhr! Wenn freilich die Lampe in meinem Zimmer brennt, dann bin ich durch eine Besprechung abgehalten.« Oder: »Willst Du morgen um 3/4 9 zu mir kommen. Wenn kein Licht in meinem Zimmer brennt, dann läute.« Oder: »Komm bitte morgen (Freitag) gegen 8 1/4 abends an die Bank.« Oder: »Ich würde mich sehr freuen, wenn Du heute (Samstag) Abend 3/4 9 zu mir kämest. Wenn das Licht in meinem Zimmer brennt, bin ich zu Hause.«[5]

Als Hannah im April 1925 nach Kassel reist, um seine Vorträge zu hören, entzieht er sich gesellschaftlichen Verpflichtungen, um Zeit mit ihr zu verbringen. Er bittet sie, nach der Veranstaltung mit der Straßenbahn Nr. 1 bis zur Endstation Wilhelmshöhe zu fahren, unauffällig eine Bahn nach ihm. Sie erkennt jeweils die Zeichen und kommt bereitwillig zu einem anderen Zeitpunkt, wenn sie einmal nicht willkommen ist. Literatur, Philosophie und Theologie bieten gemeinsame Gesprächsthemen. Sie teilen eine Begeisterung für Stefan George und Augustin und natürlich für die griechischen Philosophen.

Ihre Antworten auf seine verführerischen und zugleich verknäulten Liebeserklärungen der ersten Verliebtheit sind nicht überliefert, wohl aber einige Gedichte sowie der autobiografische Text »Schatten«, mit dem Hannah sich ihm erklärt und vermutlich auch Klarheit über ihre eigene Situation gewinnt. Die bange Hoffnung der jugendlichen Autorin, dass »ihre Jugend sich losringt aus dem Bann und ihre Seele unter einem anderen Himmel die Möglichkeiten des Aussprechens und Lösens erfährt und so die Krankheit und Verirrtheit überwindet, Geduld lernt und die Einfachheit und Freiheit organischen Wachstums –«[6], korrespondiert seinen Überlegungen zu jener existentiellen Angst, die den Menschen umtreibt, wenn er sich die Welt erschließt. Die gedrückte Stimmung in diesem in der dritten Person verfassten »erschütternden Bekenntnis« entgeht ihm nicht. Natürlich erfreut ihn, wie die Autorin ihre verwirrten Gefühle unmittelbar zum Ausdruck bringt und doch in gedanklicher Abstraktion und in seiner Terminologie formuliert. Er meint, dass ihr Milieu, die Zeit und ihre Reife Schatten auf ihr Leben werfen, während er doch die Sonne sieht, den Grund ihrer Seele, und vor allem ihre »dienende Liebe«.[7] Sie sehnt sich nach Klarheit und Richtung, die Liebesbeziehung stärkt ihr Selbstbewusstsein. Wenn er ihr ein Manuskript gibt, erfreut ihn ihre Freude darüber. Briefe, Notizen und Gedichte werden im Abstand von wenigen Tagen ausgetauscht, aus einer geistig-sinnlichen

Faszination voneinander entsteht eine tiefe Vertrautheit.

Während der Semesterferien 1925 setzen sie den Kontakt zwischen Königsberg und seiner Schwarzwaldhütte in Todtnauberg fort. Rückblickend auf das Sommersemester schickt sie ihm ein Gedicht:

Abschied
Du gibst uns die Trauer daß nichts uns verweilet
Und schenkst uns die Hoffnung wie Vieles noch eilet
Du zeigst uns das Zeichen für Freude und Schmerzen
Du zeigst uns die Wege und öffnest die Herzen.

Du fügest zusammen wie nie unsere Hände
Wir glauben an Treue und fühlen die Wende
Wir können nicht sagen wie sehr wir uns einen.
Wir können nur weinen.[8]

Er dankt ihr für dieses Abschiedsgedicht, auch er blickt auf ein wundervolles Semester zurück, das in seiner Zurückgezogenheit nachklingt. Abschließend gehen die Gedanken väterlich zu ihr hin. »Ich begleite Dich auf Deinen Wegen und in Deinen Träumen. Ich freue mich an Deiner Güte, Deinem Reifen und Starkwerden.«[9]

Er ist entschlossen, das Geheimnis der Liebe trotz seiner philosophischen Berufung zu bewahren. Leidenschaft und Vorfreude auf jedes Wiedersehen mit ihr beflügeln ihn, während er an *Sein und Zeit* arbeitet. Das Dämonische, als das er diese leidenschaftlichen Gefühle für Hannah empfindet, erschüttert ihn, zumal es sein Familienleben durcheinanderbringt und ihn doch in seinem Denken beflügelt. Überhaupt sieht er inzwischen Marburg in einem milderen Licht, während er bisher die Auszeiten im Schwarzwald, das ländliche Leben und die Natur der Universitätsstadt vorgezogen hat. Auch in der Abgeschiedenheit schlägt sein Herz für seine Muse. 1928 wird ihm sein Opus magnum den ersehnten Ruf als Ordentlicher Professor an die Universität Freiburg bringen und ihm Weltruhm verschaffen.

Jahrzehnte später erinnert sie sich in der bereits erwähnten Rede – beginnend mit der Widmung »für Dich nach fünfundvierzig Jahren wie seit eh und je«[10] – an den Lehrer ihrer ersten Studienjahre als einen, der, »weil ihm der Faden der Tradition gerissen ist, die Vergangenheit neu entdeckt« und der leidenschaftliches Denken vermittelte, der »Denken und Lebendigsein« verband. Diese Leidenschaft, »die alle anderen Fähigkeiten und Gaben nicht so sehr beherrscht als ordnet und durchherrscht«, wirkte in die Liebesbeziehung hinein.

Hannah ist hin- und hergerissen zwischen der Begeisterung für Heideggers Lehre, die ihren scharfen Verstand und ihre Wissbegierde befriedigt, und einer Liebesbeziehung, die sie verletzlich macht. Sie entschließt sich Anfang 1926, sich von dem Heidegger-Zauber zu lösen und mit Beginn des Sommersemesters in Heidelberg bei Karl Jaspers frische akademische Luft zu schöpfen. Sie braucht Distanz von

Heidegger, für den seine Arbeit vor allen menschlichen Bezügen Vorrang hat, so dass die Vermutung nahe liegt, dass er sie zu diesem Schritt gedrängt hat.

Trotzdem bleiben sie in Kontakt, die heimlichen Treffen finden nun in Heidelberg statt. Doch mit Heideggers Berufung nach Freiburg wird ihm die Liaison zu riskant, und im April 1928 beendet er die Geschichte. Bei einem Besuch in Heidelberg versetzt er sie zweimal – und sie versteht. Sie bestätigt die Trennung: »Ich liebe Dich wie am ersten Tag – das weißt Du, und das habe ich immer, auch vor diesem Wiedersehen, gewußt. Der Weg, den Du mir zeigtest, ist länger und schwerer, als ich dachte … ›Und wenn Gott es gibt / Werd ich Dich besser lieben nach dem Tod‹.«[11] Mit dem Zitat aus Elizabeth Barrett Brownings Sonetten – in der Übersetzung von Rainer Maria Rilke – nimmt Hannah endgültig Abschied. Doch sie scheint zu ahnen, dass ihre Wege sich zu einer anderen Zeit wieder kreuzen werden.

Heidegger nimmt die nationalsozialistische Aufbruchseuphorie als eine Möglichkeit zur Erneuerung wahr, als die Chance, seinen Auftrag zu radikalem Denken in einer neuen Nation zu erfüllen. Zeitgleich mit einem solchen weit verbreiteten Denk-Absolutismus wird auch der Antisemitismus virulent, die Fememorde an jüdischen Politikern wie Walther Rathenau sind dafür exemplarisch. In diesem Klima der Gewaltbereitschaft greift der Antisemitismus auf Kultur und Hochschule über. Das 1933 erlassene Gesetz zur Wiederherstellung des Berufsbeamtentums schließt jüdische und politisch missliebige Professoren und Dozenten vom Dienst aus, jüdische Wissenschaftler können ohne Angabe von Gründen in den Ruhestand versetzt werden. Die antisemitischen Tendenzen sind unübersehbar, in Abstammungsbögen soll ein Ariernachweis erbracht werden. Der daraus folgende geistige Aderlass ist unermesslich. Zahlreiche Wissenschaftler versuchen, sich politisch sicher aufzustellen, und treten in die NSDAP ein, so auch Heidegger. Die systematische Ausgrenzung jüdischer Wissenschaftler macht auch vor der Nachwuchsgeneration nicht halt, Stipendien für jüdische Studierende werden nicht mehr vergeben. Hochschulrektoren werden nach dem »Führerprinzip« mit weitreichenden Befugnissen zur staatskonformen Umgestaltung der Universitäten ausgestattet. Als Heidegger im April 1933 seine programmatische Antrittsrede als Rektor der Freiburger Universität hält, bleibt zwar eine Resonanz an anderen Universitäten aus, aber Gerüchte über seine Judenfeindlichkeit verbreiten sich und machen Hannah stutzig. Heidegger weist solche Vorwürfe als Verleumdungen vehement zurück und listet für Hannah auf, wie explizit er sich für jüdische Studenten einsetzt. Allerdings hat er sich bereits 1929 gegen die »Verjudung« der deutschen Universitäten ausgesprochen, wodurch sein ambivalentes Verhalten Hannah gegenüber erklärbar sein mag. Im Winter 1932/

33 bricht die Korrespondenz ab, es folgen Jahre des Schweigens.

Nach dem Krieg nimmt Hannah von New York aus Kontakt zu Heidegger auf und bahnt ein Treffen an. Verhandlungen mit den Behörden in Freiburg über die Wiederauffindung jüdischen Kulturguts führen sie dorthin. Sie erhält von einem ehemaligen Studienfreund, dem Romanisten Hugo Friedrich, Heideggers Adresse und schreibt ihm aus ihrem Freiburger Hotel. Der ehemalige Liebhaber erscheint am 7. Februar 1950 in der Lobby des Hotels, einen Brief in Händen, den er für sie hatte hinterlassen wollen. Die glücklich verheiratete und als politische Theoretikerin inzwischen bekannte Hannah kann ihm souverän begegnen. Gemeinsam fahren sie zu ihm nach Hause nach Zähringen am Rande der Stadt, seine Frau weilt außer Haus. Zum ersten Mal scheint ein echtes Gespräch zu entstehen, so vertraut, als seien keine fünfundzwanzig Jahre vergangen.[12] Nach all den Jahren gibt es viele Themen – ihre Heirat mit Heinrich, die Emigration, ihre Erfolge in den USA; sein Freiburger Rektorat und seine Kollaboration mit den Nazis sowie die Folgen. Bereits im Juli 1945 ist gegen ihn im Kontext der Selbstreinigung der Hochschule ein Verfahren eröffnet worden, er hat sich unverhältnismäßig beschuldigt gefühlt und im November dazu schriftlich Stellung genommen. Mit seinem Einverständnis legt sein Freund und Kollege Karl Jaspers ein Gutachten vor, das eine Pensionierung und Suspension vom

Lehramt für einige Jahre vorschlägt. Bis März 1947 muss sich Heidegger gedulden, ehe das Entnazifizierungsverfahren beendet ist und er als Mitläufer eingestuft wird. Das Emeritierungsverfahren dauert bis Herbst 1951, so dass Hannah ihn mitten in diesen Anfechtungen beschämt und ratlos antrifft.

Nach dem Freiburger Treffen berichtet Hannah umgehend an Heinrich, wie Heidegger weiterhin dazu stehe, dass sie die Leidenschaft seines Lebens war. Doch inzwischen durchschaut sie den weltbekannten Philosophen, der trotz seines Ruhmes Anerkennung braucht, der gelesen und verstanden werden will und »doch notorisch immer und überall lügt«.[13]

Bei dieser Begegnung bestätigt sich auch, was Hannah von Anfang an in dieser Liaison gespürt haben muss: dass Elfride davon erfahren und ihm die Hölle heiß gemacht hat. Obgleich doch alles längst Vergangenheit ist, macht sie eine Szene, als sie sich am Folgetag begegnen. Sie wird ihren Ehemann in seinem Antisemitismus bestätigt haben. Hannah fürchtet, diese Frau werde ihr die Affäre zeitlebens nachtragen und »bereit sein, alle Juden zu ersäufen«.[14]

Heidegger schickt Hannah später ein Gedicht mit dem Titel »Der Wieder-Blick«, in dem die Wieder-Begegnung nachklingt. Liebe und Denken werden hier zu einem Blickwechsel, zu einer untrennbaren Verflochtenheit von Emotion und Ratio. In ihrem *Denktagebuch* hält Hannah in einer Fabel die »wahre Geschichte von dem Fuchs Heidegger« fest: Nicht nur, dass dieser Fuchs Fallen nicht von Nicht-Fallen unterscheiden kann. Sein Fell bietet ihm keinen Schutz, so dass er seinen eigenen Fuchsbau errichtet, zu einer Falle für Andere ausbaut und mit verlockenden Zeichen ausschmückt. Am Ende steht es um den Fuchs nicht mehr gut: »Der Fallen-bewohnende Fuchs aber sagte stolz: So viele gehen in meine Falle, ich bin der beste aller Füchse geworden. Und auch daran war etwas Wahres: Niemand kennt das Fallenwesen besser, als wer zeitlebens in einer Falle sitzt.«[15] Wie ernüchtert sie darüber ist, wie er mit seiner Verwicklung in die jüngste deutsche Geschichte umgegangen ist, kann sie ihm nicht direkt sagen. Zugleich geht es um das Dilemma des philosophischen Denkens, exemplifiziert an diesem bedeutenden Denker des 20. Jahrhunderts. Zweifellos fängt Hannah auch die Undurchschaubarkeit ihrer beider Beziehung literarisch ein.

Heidegger scheint Hannah weiterhin als seine Muse, seine Studentin und nicht als die erfolgreiche politische Theoretikerin anzuerkennen. Zeitweise ist sie sogar bereit, ihm gegenüber so zu tun, als hätte sie nie eine Zeile geschrieben und würde nie eine schreiben. Indem dies wohl die unausgesprochene Erwartung an die Beziehung ist, wundert es wenig, dass Hannah eine Pause braucht und nicht Vermittlerin in dem Konflikt zwischen ihm und Jaspers sein möchte.[16] Auch später gelingt es ihr nicht, ihre beiden Freunde im Sinn einer Versöhnung zu beeinflussen.

Dass kaum eine Auseinandersetzung über ihre unterschiedlichen philosophischen Standpunkte stattfindet, geht offenbar auf ihr unausgewogenes Verhältnis zurück. Hannah erkennt, wie weltabgewandt und eng Heideggers Denken ist. Für sie muss politisches Handeln der Prüfstein des Denkens sein, und in diesem Denken, in das sie Heinrich intensiv einbezieht, muss sich die Philosophie aus der Isolation des Denkens herauslösen und in Beziehung zur Welt setzen. Mit dieser Pluralität geht sie über Heidegger hinaus. Sie verlässt die europäische Denktradition und widmet sich amerikanischen Denkern wie den Gründervätern der amerikanischen Verfassung oder den Pragmatikern William James oder John Dewey. In deren Abweichen von traditionellem Denken erkennt sie Perspektiven des Miteinander-Handelns – eine Weltsicht, die sich grundsätzlich von Heideggers Misstrauen gegen die Welt unterscheidet. Die so verstandene Pluralität bedeutet keineswegs Gleichgültigkeit gegenüber Verschiedenheit, sondern sie setzt im Sinne von Arendt und Blücher verstanden Offenheit für andere Standpunkte voraus – selbst wenn sie beide diesem Anspruch nicht immer genügen können.

Doch zurück zu Heidegger und dem fortgesetzten brieflichen Gedankenaustausch: Immer wieder widmet er ihr Gedichte und schreibt ihr Briefe, die das Geheimnis der Beziehung nochmals evozieren. Im Oktober 1960 schreibt sie ihm, sie habe ihren Verlag gebeten, ihm ein Exemplar ihres Buches zu schicken,

Vita Activa ist gerade in Hannahs eigener Übertragung auf Deutsch erschienen. »Du wirst sehen, dass das Buch keine Widmung trägt. Wäre es zwischen uns je mit rechten Dingen zugegangen – ich meine zwischen, also weder Dich noch mich –, so hätte ich Dich gefragt, ob ich es Dir widmen darf; es ist unmittelbar aus den ersten Freiburger Tagen entstanden und schuldet Dir in jeder Hinsicht so ziemlich alles.«[17] Im Nachlass findet sich ein Notizzettel, der wie eine Widmung wirkt, die sie dem Buch hätte beilegen wollen. Selbst in der Ambivalenz ihrer Gefühle bleibt die Liebe von Dauer, zumindest in der Erinnerung.

> »Re vita activa:
> Die Widmung dieses Buches ist ausgespart.
> Wie sollte ich es Dir widmen,
> dem Vertrauten,
> dem ich die Treue gehalten
> und nicht gehalten habe,
> und beides in Liebe.«[18]

Bis in die 70er Jahre gehen Lektüreeindrücke, Büchersendungen sowie Grüße hin und her. Auf ihre Arbeit geht er jedoch nicht ein, auch wenn Hannah inzwischen zur intellektuellen Elite der USA gehört. Sie setzt sich für Heideggers Namen ein, hilft bei der Publikation seiner Werke und korrigiert Übersetzungen seiner Bücher. 1959 lässt er ihr zwei seiner neuen Publikationen zusenden, ohne Widmung. Sie wundert sich und fragt, ob er sie vergessen habe. Heidegger hat inzwischen eine Liaison mit der Malerin Sophie Dorothee Gräfin Podewils, Ehefrau des Präsidenten der Bayerischen Akademie der Künste, kann als Emeritus wieder lehren und findet kollegiale Freundeskreise auch außerhalb der Universität Freiburg.

Im Sommer 1967 kreuzen sich ihre Wege wieder. Sie ist eingeladen, an der Universität Freiburg einen Vortrag über Walter Benjamin zu halten. Am 26. Juli 1967 ist das Auditorium Maximum übervoll besetzt, auch Heidegger ist anwesend. Sie beginnt ihren Vortrag: »Verehrter Martin Heidegger, meine Damen und Herren!«[19] Er befürchtet eine »ungute Reaktion« für sie und gesteht, dass er inzwischen jungen Leuten davon abrät, ihn zustimmend zu zitieren. Für Hannah ist es das Natürlichste von der Welt gewesen, aber sie hat den Missklang bemerkt. Dennoch ist sie vor allem besorgt, dass die Anrede ihm peinlich gewesen sein könnte. Ab jetzt treffen sie sich wieder regelmäßig und arbeiten miteinander als Denker. Noch im Sommer 1975 kommt ein letztes Wiedersehen in Freiburg zustande. Hannah bemerkt, wie erloschen er ist, wie er nicht mehr wirklich an dieser Welt beteiligt zu sein scheint. Wenig später, am 26. Mai 1976, ein halbes Jahr nach Hannahs Tod, verstirbt Heidegger in Freiburg.[20]

Bereits kurz nach Hannahs Trennung von Heidegger beginnt ein neues Kapitel in ihrem Leben: Günther Stern. Zwar haben beide 1925 an Martin Heideggers

Seminar teilgenommen, aber nähergekommen sind sie einander wohl nicht, denn Hannah ist anderweitig gebunden. Nicht nur ihre Liaison mit Heidegger pflegt sie in ihrer studentischen Dachwohnung, sondern nebenbei auch die Freundschaften mit den Königsbergern. Dieser Freundeskreis bietet ihr einen gewissen Schutz vor reaktionären Korpsstudenten und nationalsozialistischen Jugendgruppen.

Günther Stern hat 1924 in Freiburg bei Edmund Husserl promoviert, nun zieht es den brillanten Geist zu dem berühmten Heidegger. Im Januar 1929 lernen sich Hannah und Günther bei einem Maskenball in Berlin kennen. Eine Gruppe von Marxisten hat zum Fundraising für ihre Zeitschrift ein Fest im Völkerkundemuseum organisiert. Die Gäste erscheinen entsprechend dem Ort der Handlung exotisch kostümiert – Hannah als arabisches Haremsmädchen. Jahrzehnte später ruft sich Günther Stern in Erinnerung, dass er seine künftige Braut bereits an diesem Abend für sich gewonnen hat. Als sie sich kurz danach mit einer Halsentzündung quält, taucht er mit einem Korb Zitronen bei ihr auf. Vor allem genießen die beiden ihre intellektuellen Gespräche. Einen Monat später ziehen Hannah und Günther zusammen. Sie überarbeitet gerade ihre Dissertation für die Publikation, wobei er sie bereitwillig unterstützt. Bei dieser Zusammenarbeit bestätigt sich die geistige Übereinstimmung der beiden begabten jungen Philosophen. Für ihr bevorstehendes Projekt, die Rahel-

Varnhagen-Biografie, hat Hannah von der Notgemeinschaft für die deutsche Wissenschaft ein Stipendium erhalten, das nun den Lebensunterhalt für das junge Paar sichern soll. Ihre finanziellen Mittel sind bescheiden, sie wohnen in wechselnden Unterkünften. In Berlin-Halensee logieren sie zunächst in einem Großraumstudio, das sie tagsüber verlassen müssen, weil dort Tanzstunden gegeben werden. Die Berliner Cafés bieten ihnen Zuflucht. In Drewitz bei Potsdam bewohnen sie als Untermieter in einem winzigen Siedlungshaus ein Zimmer mit kleiner Küche und Balkon, der – zumindest in der nostalgischen Erinnerung – als Bühne für die philosophischen Dialoge dient. »Wir saßen auf dem winzigen Balkon einander gegenüber, zwischen einem kolossalen Korb voll Kirschen, links und rechts von uns leere Marmeladeneimer, denn wir entkernten die schwarzen, prallen Früchte, um sie einzukochen ... was uns auch nicht daran hinderte, miteinander aufs intensivste unserer selten unterbrochenen Alltags- und Lieblingsbeschäftigung nachzugehen, nämlich zu symphilosophein.«[21] Diese »Kirschenschlachten« dokumentiert Günther 1930 und überarbeitet seine Notizen 1984, noch immer seiner großen Liebe nachtrauernd. Auch wenn Dichtung und Wahrheit in diesen Nachklängen nicht zu trennen sein mögen, wird der wesentliche gemeinsame Nenner klar: das Symphilosophieren, das gemeinsame fragende Suchen nach Sinn und Moral.

Stern sieht in Berlin keine beruflichen Perspektiven

und beschließt, sich um eine Universitätslaufbahn zu kümmern. Ehe sich Hannah und Günther auf diese neue Wegstrecke begeben, heiraten sie im September 1929. Hannahs Mutter ist von dem begabten Sohn aus gutem jüdischen Hause begeistert, die Eltern Wilhelm und Clara Stern – der Vater Professor für Entwicklungspsychologie und Mitbegründer der Hamburger Universität, die Mutter hochintelligent und ihrem Ehemann rechte Hand in Forschung und Alltag – sehen in Hannah eine Schwiegertochter auf Augenhöhe mit ihrem begabten Sohn. Noch sind die beiden promovierten Philosophen am Anfang ihrer Laufbahn und mit ihrer brotlosen Kunst nicht beruflich verankert. Die Entscheidung zur Ehe mag auch damit zusammenhängen, dass sich die beiden in den konservativen Kreisen der Hochschule als Ehepaar etablieren möchten.

Der erste Auftritt mit dem Vortrag »Freiheit und Erfahrung« bei der Frankfurter Ortsgruppe der Kant-Gesellschaft im Februar 1930 findet Anklang bei einem illustren Publikum, darunter Theodor W. Adorno und Max Horkheimer. Man rät Günther nicht nur zur Habilitation, sondern schlägt ihm auch gleich ein Thema vor: die Philosophie der Musik – wie maßgeschneidert für Günther, der Klavier und Geige spielt und mit Musiktheorie vertraut ist. Doch auch Adorno ist ein Experte auf diesem Gebiet und hat gerade eine musiksoziologische Analyse herausgebracht. Dass der erste Entwurf zu dieser Untersuchung Adorno missfällt, kann wenig verwundern, da Stern ganz auf marxistische Sichtweisen verzichtet. Daran scheitert das Projekt zunächst. Die weiteren Verhandlungen ziehen sich zwei Jahre hin, bis Günther Stern begreift, dass er als Jude mit seinem Forschungsvorhaben unter den politischen Bedingungen vorerst nicht berücksichtigt wird. Immerhin erleben Hannah und Günther die Frankfurter Zeit als äußerst anregend, sie nehmen am progressiven akademischen Leben der Stadt teil und umgeben sich mit politisch bewussten jungen Freunden. Ein gemeinsam verfasster Essay über Rilkes *Duineser Elegien* für die *Neue Schweizer Rundschau* bleibt als Kooperation die Ausnahme.[22] Das Autorenteam erkennt in Rilkes Elegie eine Deutung der Liebe, die als Loslösung von weltlichen Zielen erfahrbar wird, und somit als die eigentliche Sinngebung des Menschen. Der Nachklang der Balkongespräche ist unüberhörbar.

Als es keine wissenschaftliche Perspektive in Frankfurt gibt, kehrt das junge Philosophenpaar auf der Suche nach einer Existenzmöglichkeit nach Berlin zurück. Sie ziehen in die Opitzstraße 6 in Berlin-Steglitz. Günther ist entschlossen, statt mit einer akademischen Laufbahn nun als Journalist zu reüssieren, und schreibt viele Feuilleton-Beiträge unter dem Pseudonym Anders, das schließlich seinen Geburtsnamen ersetzt. Er arbeitet an einer antifaschistischen Fabel, die er später zu dem Roman *Die molussische Katakombe* ausarbeitet, und sympathisiert mit an

Bertolt Brecht orientierten politischen Kreisen. Inzwischen nimmt Hannah neben ihrer Arbeit an der Rahel-Biografie Kontakt zur Zionistischen Vereinigung auf, wodurch sie den schon erwähnten Auftrag von deren Vorsitzendem Kurt Blumenfeld erhält.

Nach dem Reichstagsbrand in der Nacht vom 27. Februar 1933 flüchtet Günther ohne seine Frau nach Paris, sie bleibt in Berlin, um ihre Recherchen über Antisemitismus fertigzustellen. Als sie wenig später ebenfalls auf der Flucht in Paris eintrifft, wohnen Günther und Hannah zunächst unter einem Dach. Er liest ihr aus seinem Romanmanuskript vor, das sie ihm ins Exil mitgebracht hat, da es nach der Machtergreifung der Nationalsozialisten in Deutschland keine Chancen zur Publikation mehr hat, trotz der Vermittlung von Brecht. Anders untersucht in dem umfangreichen Werk erzählerisch die psychologischen Mechanismen des Nationalsozialismus, zugleich geht es ihm grundsätzlich um das totalitäre Regime. Sie besuchen Hegel-Vorlesungen an der École pratique des hautes études. Vor allem lernt Hannah durch Günther dessen Vetter Walter Benjamin kennen, den die beiden regelmäßig sehen. Ansonsten gehen sie zumeist getrennte Wege; schon in Berlin hatten sie sich einander entfremdet und leben nun in einer Notgemeinschaft. Während er sich gern mit Journalisten, Künstlern und Literaten umgibt, nimmt sie eine erste Tätigkeit bei *Agriculture et artisanat* auf und wird

1935 Generalsekretärin des Pariser Büros der *Jugend-Alijah*.

1936 emigriert Günther in die USA, 1937 wird die Ehe geschieden. Doch die beiden bleiben brieflich in Kontakt, und er wird Hannah und Heinrich von dort aus sehr behilflich sein. Der überlieferte Briefwechsel beginnt mit einem Brief vom 19. September 1939, auf Französisch verfasst. Hannah ist bereits seit drei Jahren mit Heinrich liiert und versucht, Günther zu beruhigen, er möge sich keine Sorgen um sie machen. Noch vor ihrer Internierung im Lager Gurs erhält Hannah von Günther Post aus Kalifornien. Er schickt die Bürgschaftspapiere für Hannah und ihren zweiten Ehemann. Im Brief vom 23. Dezember desselben Jahres dankt sie ihm für die Affidavits, die den beiden politische Integrität und finanzielle Unabhängigkeit bestätigen. In Los Angeles pflegt Günther den Kontakt mit Emigranten aus Berlin und Paris und übernimmt wechselnde Jobs, um über die Runden zu kommen. Mit dem Verfassen von Texten für Hollywood hat er kein Glück, stattdessen verdingt er sich im Kostümfundes eines Hollywood-Studios. Zwischen 1938 und 1940 setzt er sich im Schutzverband Deutsch-Amerikanischer Schriftsteller für deutsche Exilschriftsteller ein. Insbesondere sorgt er für einen Übersetzungsdienst für Mitglieder und für die Beschaffung von Affidavits für Journalisten und Literaten aus Europa.[23] 1942 lässt er sich in New York nieder, wo er seit 1949 an der New

School Vorlesungen über Kunst- und Kulturphilosophie hält.

Zwei Tage nach ihrer Ankunft in New York schreibt Hannah aufgeregt an Günther, nachdem sie ihn telefonisch nicht erreicht hat. Noch steht sie unter dem Eindruck der verwirrenden letzten Wochen und macht sich Sorgen um die zurückgebliebenen Freunde. Am selben Tag meldet sich auch Heinrich bei Günther, um seinen Rat in Emigrationsangelegenheiten zu erbitten. Zwei Wochen später haben sich die Wogen geglättet: »Ansonsten fühlen wir uns glänzend, auch ohne Geld. Monsieur kriegt etwas Unterstützung, unser Zimmer ist für Pariser Verhältnisse, vor allem für die Verhältnisse, in denen wir seit einem Jahre gelebt haben, einfach der Gipfel des Luxus. NY ist wie ein sehr großes Berlin …«, und sie verabschiedet sich: »Monsieur lässt allerherzlichst grüßen. Schick mir Deinen Judenroman – dafür bin ich zuständig. Von Herzen Deine H.«[24] Wenig später schickt Günther ihr einen Text, der sie an die ehemalige intellektuelle Zusammenarbeit erinnert: »Dein Fortschritts-Entwurf hat mir ausgezeichnet gefallen und ich bin sehr gespannt auf die Ausführung. Wir müssen uns ja alle mehr oder minder mit dem Gespenstertanz des 19. Jahrhunderts plagen und einsehen, dass diese Gespenster mindestens so alt sind wie die berühmten des Blocksbergs. Also schick es mir gleich, wenn es fertig ist, zu. Ich kann gerade solch eine Untersuchung auch sehr gut für meine eigenen Sachen brauchen.«[25] Was sie über ihre finanzielle Lage schreibt, überliest er lieber. Die prekäre Situation beeinträchtigt, was die ehemaligen Eheleute sich noch an Freundschaft bewahrt haben. Hannah bittet Günther, für sie beim Institut für Sozialforschung Einfluss auf die Veröffentlichung von Benjamins geschichtsphilosophischen Thesen zu nehmen, aber er hält ähnlich wie »die Schweinebande« wenig davon. Hannah ist empört, sie findet Günther »offensichtlich komplett verkommen«.[26] Allerdings ist sie selbst seit der Ablehnung von Günthers Habilitationsschrift ohnehin nicht gut auf das Institut zu sprechen. Jedenfalls kühlt die Beziehung zwischen Hannah und Günther ab, weil er sich nicht für Benjamin einsetzt.[27] Immerhin tauschen sie sich weiter über Buchprojekte, Pläne und Reisen aus.

Auffallend ist, dass der weltweit aufsehenerregende Prozessbericht *Eichmann in Jerusalem* nirgends thematisiert wird, obwohl Hannah und Günther die Motivation von Untaten ähnlich erklären: Der umstrittene Begriff der »Banalität des Bösen«, von dem noch zu sprechen sein wird, korrespondiert mit Anders' »Harmlosigkeit des Entsetzlichen«. Seiner Meinung nach ist es durchaus möglich, dass ein guter Familienvater zugleich Angestellter in einem Vernichtungslager ist.[28] 1964 veröffentlicht er *Wir Eichmannsöhne. Offener Brief an Klaus Eichmann*, eine Auseinandersetzung mit den Naziverbrechen, an den ältesten Sohn von Adolf Eichmann gerichtet, mit der Anders die allgegenwärtige Gewissenlosigkeit in einer übertechnisierten Welt anmahnt. Der Konsens im Denken überbrückt jedoch nicht die Dissonanz.

Günther kehrt 1950 nach Europa zurück und bemüht sich um einen Neuanfang in Wien, wo er 1957 ein drittes Mal heiratet. Als Hannah 1951 die amerikanische Staatsbürgerschaft erhält, kann er nicht verstehen, warum sie sich in diesem Land wohl fühlt und die geistige Unabhängigkeit wertschätzt, die ihr dort garantiert scheint. Wohl auch deshalb hat sie keine Zeit für ihn, wenn er mehrfach ein Wiedersehen vorschlägt. Auf einer von Hannahs Europareisen gelingt 1961 schließlich ein Treffen. »Es war sehr schön in München. Und ich hoffe auf Wiederholung«, schreibt er ihr.[29] Aber es gibt kein nächstes Treffen, auch der Schriftwechsel bricht ab, bis Hannah ihm Heinrichs Tod mitteilt. Erst jetzt scheint Günther klarzuwerden, dass sie mehr als die Hälfte ihres Lebens mit Heinrich verbracht hat, während er mit der Liebe wenig Glück hat. Seine dritte Ehefrau, die Konzertpianistin Charlotte Zelka, verlässt ihn 1975. Auch seine immer noch geliebte Hannah wird bald nicht mehr da sein, und er bleibt einsam zurück.

Heinrichs frühere Beziehungen kommen zu Tage, als Hannah und er sich zur Ehe entschließen und dafür ihre Scheidungsunterlagen brauchen. Heinrich erklärt ihr, dass er seine erste Frau, Lieselotte Ostwald, geheiratet hat, als er noch zu jung für die Ehe war und sich bald wieder von ihr hat scheiden lassen. Die zweite Ehe, mit Natascha Jefroikyn, ist er 1932 eingegangen. Die junge Jüdin aus dem lettischen Libau ist 1920 nach Berlin übergesiedelt. Bei der Einbürgerung mag ihr die Ehe mit Heinrich zugutegekommen sein. Auch diese Ehe währt nicht lange, da er aus politischen Gründen bereits im Januar 1934 aus Berlin flüchtet. Sie findet sich bald zusammen mit ihrer Schwester in Paris ein und lernt Hannah durch ihren Bruder Israel Jefroikyn kennen. Doch die Lebenswege von Heinrich und Natascha trennen sich, und sie bleiben nur lose in Kontakt. Im Juni 1952 berichtet Heinrich seiner Frau von einer Begegnung mit ihr, die ihm inzwischen vollkommen verändert und fremd vorkommt.

Eine andere frühere Beziehung allerdings wird noch einmal lebendig. Charlotte Aron kennt Heinrich aus den gemeinsamen Spartakus- und KPD-Zeiten in Berlin, die beiden hatten eine Liaison miteinander. Als jüdische Journalistin flieht sie 1939 mit ihrem zweiten Ehemann, Martin Beradt, über London nach New York, wo sich das neue Leben für die Beradts längst nicht so gut anlässt wie für Hannah und Heinrich. Ihr Mann erblindet, so dass Charlotte allein für den gemeinsamen Lebensunterhalt sorgen muss. Sie arbeitet als Friseurin und bedient ihre Kundschaft im Wohnzimmer; sie muss sich Jahre gedulden, ehe sie wieder als Journalistin tätig werden kann.

Anfang der 1940er Jahre lernt sie im Kreis der jüdischen Intellektuellen Hannah kennen – und die gegenseitige Faszination zwischen ihr und Blücher flammt wieder auf. Gerhard Casper, damals Jurastudent an der Yale University, erinnert sich, dass er von New Haven aus gern am Wochenende Charlotte Beradt in ihrer New Yorker Wohnung besuchte, wo er stets auch Heinrich antraf, der offenbar eine Affäre mit ihr hatte.[30] Die Dreiecksbeziehung Hannah–Heinrich–Charlotte wird zu einem unerträglichen Konflikt, den die sonst so beherrschte Hannah schwer verkraftet. Wenn sie auf ihren Reisen nicht regelmäßig von Heinrich hört oder einen Brief erhält, fühlt sie sich verunsichert: »Das gibt mir eine Unruhe, die Du wohl schwer begreifst. Ich kann mich in der Welt nicht so rumtreiben – wie ich es mit gesichertem Rücken doch sehr, sehr gerne tue –, wenn Du nicht schreibst. Einmal die Woche ist genug; aber das muss auch immer da sein.«[31] Es ist Hannahs rastlose Reisetätigkeit, die das fragile Gleichgewicht aufrechterhält. Während ihrer Abwesenheiten von New York genießt Heinrich ungestört seine Beziehung mit Charlotte, die ihn umsorgt, wenn er sich durch seine Unterrichtstätigkeit überlastet fühlt. Eifrig sammelt sie Zeitungsausschnitte für Hannah, um sie über Rezensionen ihrer Bücher und über den Stand der politischen Diskussionen auf dem Laufenden zu halten. Vor allem schickt sie beflissen Nachrichten an die wechselnden Aufenthaltsorte der Weltbürgerin mit Grüßen von Heinrich, der dem Durcheinander von

Hannahs Reisestationen nicht mehr folgen kann – was Hannah für eine Ausrede hält. Sie will von ihm hören, nicht nur um seines Wohlergehens willen, sondern weil sie sich trotz aller Berühmtheit in der Welt verloren fühlt.

Von 1949 bis 1952 ist Hannah als Geschäftsführerin der *Jewish Cultural Reconstruction* unterwegs, um in Europa von den Nazis geraubtes jüdisches Kulturgut aufzufinden. Es geht wesentlich um Bücher und Thora-Rollen, deren Eigentümer nicht zu ermitteln sind und die daher an Bibliotheken und Museen in den USA und Israel übereignet werden. Auf diesen Reisen sind die Briefe von Heinrich für sie wichtig, und dass Charlotte für ihn einspringt, gefällt ihr wenig: »Mir ist das Herz sehr schwer. Ich kann diesen völlig fehlenden Sinn für die primitivsten menschlichen Verantwortungen und Verpflichtungen nicht verstehen. Ich kann nicht verstehen, dass Du so wenig Einbildungskraft hast, dass Du Dir absolut nicht vorstellen kannst, wie mir zumute ist, so in der Welt wie ein verlorengegangenes Rad am Wagen herumzusausen, ohne jegliche Verbindung mit einem Zuhause, mit etwas, worauf Verlass ist.«[32]

Diese Gefühle von Verlorenheit und Verletzlichkeit mögen aus Hannahs Entwurzelung und den Fluchterfahrungen resultieren. Die ersehnte Geborgenheit, in der sie zu sich selber findet, können nur Liebe und Freundschaft bieten. »Erst wenn ich *mich* einem Andern ausspreche, bin ich qua ich wirklich existent.«[33]

In der Beziehung zu Heinrich wünscht sie sich immer wieder, bestätigt zu werden, und wenn der Briefkontakt ausbleibt, leidet sie – mit ihrer Freundin Hilde Fränkel tauscht sie sich darüber aus, was für eine »Bagage« die Männer sind. Charlotte baut Brücken, indem sie Reisepläne und Adressen festhält und dafür sorgt, dass Hannah an ihren wechselnden Orten zur Begrüßung »Zettelchen« von ihr vorfindet. Fünf Jahre später scheint Hannah den Balanceakt zu dulden: »Liebster, schreib mir. Mir ist es eine große Beruhigung, dass Lotte die Adressen hat, und ich war sehr froh, das Briefchen zu haben.«[34]

Überliefert sind ausschließlich Charlottes Briefe an Hannah, während deren Briefe offenbar vernichtet wurden. Lediglich den Grüßen an Lotte, die Hannah ihren Briefen an Heinrich beifügt, lässt sich Hannahs Bemühen um einen vermittelnden Ton entnehmen. »Grüß die Lotte. Sie hat mir so ein entzückendes Tüchlein geschenkt. Und auch der Goethe-Kalender hat sich als das Richtige erwiesen.«[35] Für Hannah sind Briefe unverzichtbarer Teil ihres sensiblen Umgangs mit Freunden und Freundinnen, und sie bewahrt die Briefe auf, somit auch die von Charlotte, während dieser an solcher Art Geschichtsschreibung nicht gelegen sein kann. Durch ihre emsige Mitarbeit überspielt sie, was eine konflikthafte Lebensform sein muss.

Charlottes Briefe an Hannah gehen seit 1955 nach Frankfurt, Köln, Kiel, Basel, Zürich, Genf, Paris, Florenz, dann wieder nach New York und Palenville, zuerst noch mit der Anrede »Sie«, dann gehen sie 1956 zum freundschaftlichen »Du« über und werden auch nach Heinrichs Tod fortgesetzt. Auffallend ist das Bemühen, Hannah nicht zur Last zu fallen. »Meine Zettelchen waren einseitig gemeint und ich war mit Grüssen zufrieden. Mir scheint, Ihr Pensum, wo immer Sie sind und was immer Sie tun, ein gerüttelt Mass.«[36] Von Heinrich ist distanziert als »unser Professor« die Rede, der zu zerstreut oder zu beschäftigt sei, um regelmäßig an Hannah zu schreiben. Charlotte mildert die Peinlichkeit der Ménage-à-trois, indem sie einen heiteren, meist ironischen oder selbstironischen Ton anschlägt – »erlaube ich mir zu zeichnen als die brave, pünktliche, ordentliche Lotte«.[37] Hannah ist wiederum großzügig und erkennt dieses Bemühen an, wie sie Heinrich versichert: »Sag Lotte Gruß und Kuss: Ihre Briefe sind herrlich – überall, wo ich hinkomme, ein Zettelchen. Die weiß, dass ich Angst habe, verlorenzugehen, und handelt danach.«[38] Inzwischen hat Hannah sich daran gewöhnt, die Dreieckskonstellation wohlwollend zu interpretieren. Über Heinrich lässt Charlotte erstaunlich wenig verlautbaren, umso ausführlicher »Klatsch«, wie sie es nennt, über das Ergehen gemeinsamer Freundinnen und Freunde.

Hannah bietet Charlotte die Übersetzung von vier auf Englisch geschriebenen Essays ins Deutsche an, die 1957 unter dem Titel *Fragwürdige Traditionsbe-*

stände im politischen Denken der Gegenwart erscheinen. In der Vorbemerkung heißt es: »Ohne die hilfreiche Freundschaft von Charlotte Beradt, die die Übersetzung ins Deutsche übernahm, wäre diese Publikation nicht möglich gewesen.«[39] Die Freude über die Zusammenarbeit und den Erfolg erlaubt ungetrübte freundschaftliche Gefühle, jedoch nur für kurze Zeit. Hannah übergibt Charlotte die Rohübersetzung von *The Human Condition,* 1958 bei University of Chicago Press erschienen. Schon bald interveniert Heinrich, indem er Hannah mitteilt, Charlotte arbeite sich daran fast kaputt – während Hannah vorerst gar keine Zeit hat, sich damit zu befassen. Das Missverständnis steigert sich, weil Charlotte Hannahs Vorstellung von einer Übersetzung nicht begreift. Für Hannah ist es selbstverständlich, dass sie dichterisch denkt und entsprechend literarische Elemente in den philosophischen Diskurs einarbeitet. Am Ende schreibt Hannah die deutsche Fassung des Buches *Vita Activa* selbst und erwähnt Charlottes Zuarbeit nicht mehr. Immerhin meldet Charlotte, dass sie *The Human Condition* im Schaufenster einer Buchhandlung gesehen habe und dankbar dafür sei, durch die Mitarbeit an der deutschen Ausgabe nicht nur viele Zusammenhänge zu verstehen, sondern auch sich selber wieder als kompetente Frau zu fühlen.

Charlotte fragt vorsichtig, ja, geradezu unterwürfig an, ob sie an der Verleihung des Friedenspreises des Deutschen Buchhandels an Karl Jaspers teilnehmen darf, bei der Hannah die Laudatio hält. Sie sei ohnehin in Deutschland und könne sich unauffällig einfinden, »da ich im Mich-klein-und-unauffällig-Machen bewandert bin – dürfte ich?«[40] Ja, sie darf bei der Preisverleihung in der Frankfurter Paulskirche dabei sein. Auf dieses Ereignis kommen wir im nächsten Kapitel zurück.

Im April 1963 reisen Hannah, Heinrich und Charlotte gemeinsam nach Griechenland, eine lang ersehnte Reise zu den Ursprüngen der Philosophie. Sie lassen es sich gut gehen, spazieren in Athen über die Akropolis, besuchen das Nationalmuseum und machen Ausflüge nach Salamis, Ägina und Delphi. Heinrich verweilt in Athen, während die beiden Frauen nach Kreta weiterreisen, um sich die minoische Kultur anzusehen. Bei der Rundreise über die Peloponnes gesellt sich Heinrich wieder dazu sowie eine Freundin aus alten Berliner Zeiten, die Fotografin Ricarda Schwerin.

Charlotte beginnt Anfang der 1960er Jahre, ihre eigenen Ziele zu verfolgen. Sie schreibt Reportagen, unter anderem über die Black Panther, Malcolm X und die Bürgerrechtsbewegung. Ähnlich wie Hannah möchte sie als Amerikanerin für Deutsche schreiben, allerdings ausschließlich in deutscher Sprache. Sie veröffentlicht Bücher über Paul Levi und Rosa Luxemburg. Für *Das dritte Reich des Traums* (1966) hat sie aus den dreihundert Träumen deutscher Juden und Nicht-Juden, die sie in den ersten sechs Jahren nach Hitlers Machtergreifung in und um Berlin gesammelt hat, als Dokumente totalitärer Herrschaft und Gewalt fünfundsiebzig ausgewählt. Daraus ist ein bedrückendes kollektives Tagebuch der NS-Zeit entstanden, das in surrealen Bildern die Ängste, Wünsche, Nöte und Alpträume einer Nation in Erinnerung ruft. Die Autorin kommentiert die prophetischen, tragischen, zuweilen auch komischen Traumfragmente, die sie – ganz im Sinne ihrer Freunde Hannah und Heinrich – als Ausdruck persönlicher Freiheit deutet. Auch unter totalitärer Herrschaft bleibt ein kollektives Unbewusstes, das sich als Widerstandspotential dem Regime entzieht – und paradoxerweise als Privates zunichtegemacht wird. Somit passt das Zitat von Hannah Arendt, das dem Kapitel über das Eindringen totaler Herrschaft in das Privatleben als Motto vorangeht: »Totale Herrschaft wird wahrhaft total in dem Augenblick – und sie pflegt sich dieser Leistung auch immer gebührend zu rühmen –, wenn sie das privatgesellschaftliche Leben der ihr Unterworfenen in das eiserne Band des Terrors spannt.«[41]

1971 sendet der Westdeutsche Rundfunk Charlottes Reportage »Eine Amerikanerin in der DDR«, in der sie ihre Eindrücke von einer Reise im Jahr 1969 reflektiert, Momentaufnahmen von den dortigen Lebensumständen, auf den Spuren ihrer eigenen Kindheit und der Aufenthalte von Heinrich bei seiner Verwandtschaft in Wallitz. Unter anderem dokumentiert sie ihre Gespräche mit Menschen in »jenem typisch märkischen Dorf der Ruppiner Landschaft«, die Heinrich und seine Familie kannten.[42] Im Sommer 1970 verbringt Charlotte noch gemeinsame Tage mit Hannah und Heinrich in Tegna. Die für ihn gemeinte Hommage kann Heinrich nicht mehr hören oder lesen.

17 Blick von der Wohnung 370 Riverside Drive, New York

18 Heinrich Blücher, links, zusammen mit dem Bibliothekar Felix Hirsch, rechts, und einem Studenten, Bard College, Foto entstanden zwischen 1952 und 1955

19 Bard Hall auf dem Campus des Bard College heute; Blücher unterrichtete u.a. dort.

20 Die »Dwelling Units«, Wohnungen für Fakultätsmitglieder des Bard College, wo Heinrich Blücher zeitweilig wohnte. Das Foto entstand in den 1940er Jahren.

21 Heinrich Blücher anlässlich der Verleihung der Ehrendoktorwürde im Hause des Hochschulpräsidenten Reamer Kline, Bard College, 1968

22 Hannah Arendt an der New School, 1968

23 Hannah Arendt an der New School, 1969

24 Grabsteine für Hannah Arendt und Heinrich Blücher, Waldfriedhof, Bard College

25 Das Hannah Arendt Center auf dem Campus des Bard College

26 Gedenktafel Opitzstraße 6, Berlin-Steglitz

27 Günther Stern und Hannah Arendt, 1929

28 Rose Feitelson, Heinrich Blücher und Hannah Arendt am Strand in Manomet, Massachusetts, Juli 1950, fotografiert von Alfred Kazin

29 Rose Feitelson, Hannah Arendt und Alfred Kazin am Strand in Manomet, Massachusetts, Juli 1950, fotografiert von Heinrich Blücher

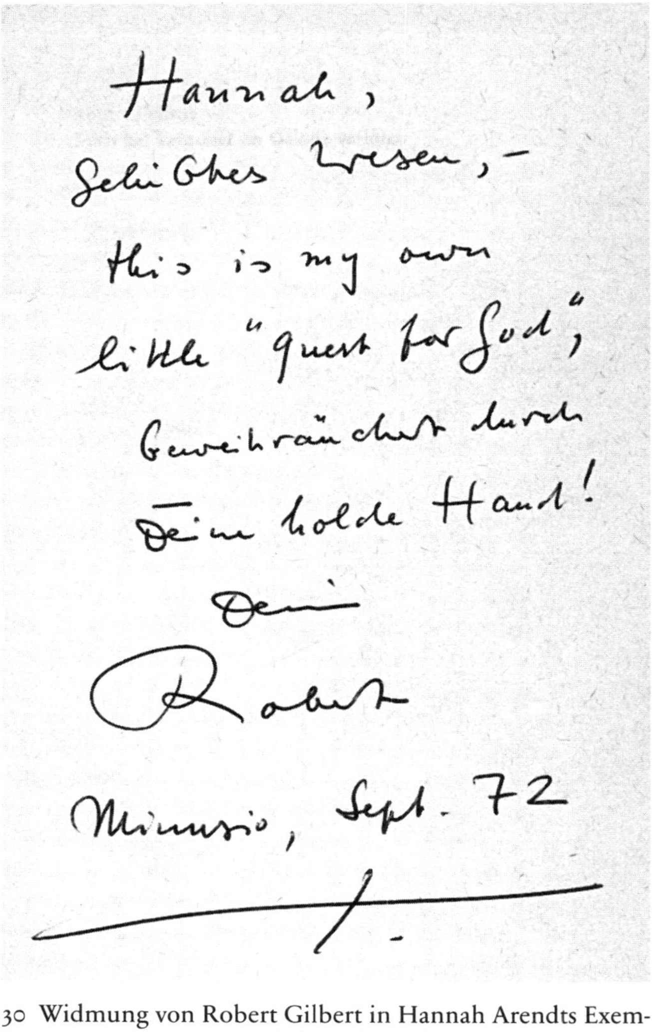

Hannah,
geliebtes Wesen, –
this is my own
little "quest for God",
Beweihräuchert durch
Deine holde Hand!
Dein
Robert
Minusio, Sept. 72

30 Widmung von Robert Gilbert in Hannah Arendts Exemplar seines Buches *Mich hat kein Esel im Galopp verloren*

Die Bibliothek von Hannah Arendt und Heinrich Blücher wird in den Bard Archives & Special Collections aufbewahrt.

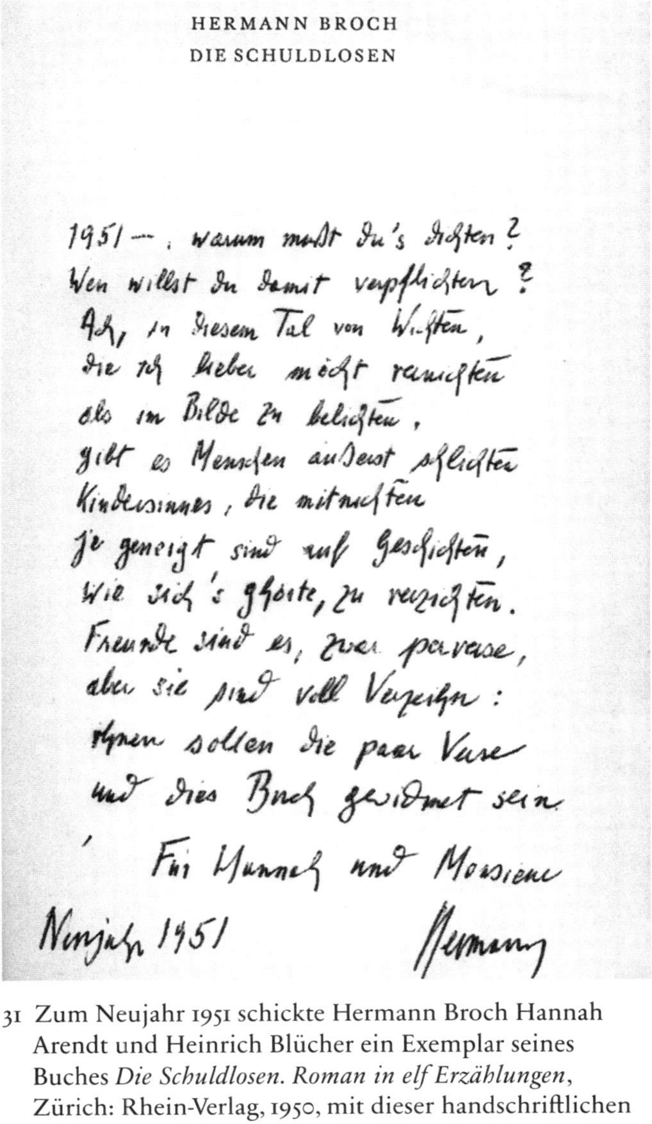

HERMANN BROCH
DIE SCHULDLOSEN

1951 —, warum mußt Du's dichten?
Wen willst Du damit verpflichten?
Ach, in diesem Tal von Wichten,
die ich lieber möcht vernichten
als im Bilde zu belichten,
gibt es Menschen äußerst schlichten
Kindersinnes, die mitnichten
je geneigt sind auf Geschichten,
wie sich's ghörte, zu verzichten.
Freunde sind es, zwar perverse,
aber sie sind voll Verzeihn:
ihnen sollen die paar Verse
und dies Buch gewidmet sein.

Für Hannah und Monsieur

Neujahr 1951 Hermann

31 Zum Neujahr 1951 schickte Hermann Broch Hannah Arendt und Heinrich Blücher ein Exemplar seines Buches *Die Schuldlosen. Roman in elf Erzählungen*, Zürich: Rhein-Verlag, 1950, mit dieser handschriftlichen Widmung auf dem inneren Titelblatt. Der Text ist abgedruckt im Briefwechsel zwischen Hannah Arendt und Hermann Broch, S. 152, Anm. 5.

32 Hannah Arendt in Manomet, Massachusetts, 1950

KAPITEL 8

Die Freunde – »… *in der Welt beheimatet durch Freundschaft* …«

Die legendäre »Familie«, der Freundeskreis zumeist jüdischer Intellektueller, bedeutet für Hannah und Heinrich Heimat in der Fremde, weil Vertrautheit und Liebe zu diesen Gleichgesinnten offene Gespräche ermöglichen, die Gedankenräume durchmessen. Diese Dialoge inspirieren zum Philosophieren und politischen Denken und fördern die kreative Arbeit. Über lange Zeitspannen beruhen die Freundschaften auf gegenseitiger Unterstützung und Zuverlässigkeit. Hannah widmet ihren Freunden Bücher, schreibt Beiträge zu Festschriften, schickt Geburtstagsgrüße, zitiert aus Texten von ihnen und leistet ganz praktische Hilfe wie beispielsweise mit Nahrungsmittelpaketen an das Ehepaar Jaspers oder ein Radio für Hermann Broch, damit er beim Schreiben Musik hören kann. Durch die Emigration haben Hannah und Heinrich Besitz und Zugehörigkeit verloren, mit den Freunden erschaffen sie sich Zusammenhänge, die ihre Welt ausmachen und stetig in Gesprächen oder durch Korrespondenz kultiviert werden. Selbst in herausfordernden Zeiten finden sie abends Muße für Treffen mit Freunden und setzen sich mit Fragen der Zeit unbeirrbar, streitbar und geistig unabhängig auseinander. Der Umfang der Briefwechsel zeugt von der Intensität des geistigen Austauschs und der menschlichen Nähe – und manchmal auch von Distanz. Freundschaft ist eine existentielle Notwendigkeit für Hannah und Heinrich: Über das Private hinaus ist sie immer »auf die Welt bezogen«.[1] Auch Hannah und Heinrich verbindet ja nicht nur Liebe und Leidenschaft, sondern zugleich Freundschaft und die Liebe zur Welt. Mit den Freunden zu sprechen erweitert Hannahs und Heinrichs Sichtweisen auf die Welt, gerade in diesen intellektuellen Gesprächsrunden, fortgesetzt in den umfangreichen Korrespondenzen, schaffen sie sich einen Ersatz für die mangelnden oder eingeschränkten öffentlichen Räume. Jede der Freundschaften des Paares hat einen eigenen Charakter und wird in ihrem Weltbezug anders gelebt.

Zu Silvester kommt die »Familie« alljährlich bei Hannah und Heinrich zusammen, Hannah spricht von einer »Riesensylvesterfeier«[2], bei der um die sechzig Gäste willkommen sind. Als Gastgeberin ist sie danach immer ziemlich erschöpft. Bei Königsberger Marzipan und ausgesuchten Likören nehmen sie die Gespräche auf, um Mitternacht trudeln weitere Freunde ein und dürfen bei Scotch und Bourbon Platz nehmen. Natürlich empfangen sie auch während des Jahres Besuch – erst in der bescheidenen Wohnung am Morningside Drive, ab 1959 komfortabler in der lichtdurchfluteten großen Wohnung am Riverside Drive mit Blick auf den Hudson River –, es gibt Knabberzeug, Hannah reicht Tee herum, manchmal bereitet sie schon das Dinner vor, während im Zimmer nebenan weiter diskutiert wird. Das Ehepaar legt Wert darauf, dass die Besucher über kulturelle Grenzen hinweg ins Gespräch kommen. Philosophie ist nicht nur beider Berufung, Philosophie ist ihre Lebensform.

Die meisten Mitglieder dieses renommierten Freundeskreises sind Juden, die meisten Literaten – so der Dichter Robert Lowell und seine Ehefrau, die Literaturwissenschaftlerin Elizabeth Hardwick, der Autor und Literaturkritiker Alfred Kazin, die Schriftstellerin Mary McCarthy, der Journalist Norman Podhoretz und der Literaturkritiker Lionel Trilling. Hannah ist als Autorin von Büchern zur politischen Theorie mit literarischen Neigungen die Ausnahme, desgleichen Heinrich. Die linksliberalen Zeitschriften *Commentary* und *Partisan Review* dienen als Foren des Diskurses. Nicht von ungefähr wird der Kreis als Klerus des säkularen Zeitalters angesehen. Aufgrund heißer intellektueller Auseinandersetzungen zerbrechen so manche Freundschaften. Hannah lässt sich nicht die Freiheit nehmen, als häretisch zu gelten. Norman Podhoretz meint rückblickend, der virtuose Geist dieser Freunde habe damit zu tun, dass sie Ideen so neu und unerwartet zusammen denken, dass man sich, selbst wenn man anderer Meinung ist, von der Begeisterung und Klarheit aufgerüttelt fühlt. Jeder in der Familie hat diese Fähigkeit, ja, sie ist die Bedingung, in den Kreis aufgenommen zu werden. Hannah, so Podhoretz, ist die Brillanteste in dieser Elite.[3] Doch schauen wir erst einmal zurück nach Paris.

Walter Benjamin

Zum Kreis der intellektuellen Emigranten in Paris gehört Walter Benjamin. Wie eingangs schon erwähnt, trifft sich in seiner Wohnung in der Rue Dombasle ein Freundeskreis, in dessen Mittelpunkt Hannah und Heinrich stehen, die schon hier, wie auch in den folgenden fünfunddreißig Jahren, Gleichgesinnte um sich versammeln. Walter Benjamins Herkunft aus einem jüdischen Elternhaus in Berlin, das er in seiner *Berliner Kindheit um neunzehnhundert* liebevoll und kritisch beschreibt, weist Ähnlichkeit zu Hannahs Kindheit auf: eine jüdisch-assimilierte Familie, die Tradition und Bildung pflegt. Die selbstverständliche Großbürgerlichkeit endet 1923, als die Inflation den Wohlstand vernichtet und Benjamin materiellem Elend aussetzt, das ihn fortan begleiten wird. In die Pariser Wohnung rettet er den wesentlichen Teil seiner Bibliothek aus Berlin und setzt dort seine rastlose literaturkritische Arbeit fort. Früh hat er erfahren, dass im Leben Glück oder Unglück wenig beeinflussbar sind: Seine akademischen Leistungen werden nicht anerkannt, beispielsweise verdirbt ihm sein von Hannah Arendt gepriesener und von Hugo von Hofmannsthal veröffentlichter Aufsatz über Goethes *Wahlverwandtschaften* die Hochschulkarriere. Sein Meisterwerk *Ursprung des deutschen Trauerspiels* wird 1925 nicht als Habilitationsschrift anerkannt, weil die Entscheidungsträger Benjamins Arbeit über das deutsche Trauerspiel im Barock nicht einzuordnen wissen. Da ist Benjamin seiner Zeit voraus, denn langfristig hinterlässt sein Werk Spuren im Nachdenken über historische Kulturgüter. Ohnehin hält er selber eine akademische Laufbahn für eine Katastrophe, weil ihm vor dem Alltag einer Universitätsprofessur graut, ist sich jedoch nicht darüber im Klaren, dass ihm in seiner Kompromisslosigkeit materielle Not bevorsteht. In seiner Weltfremdheit vermag er nicht, Zugeständnisse zu machen oder die richtigen Kontakte zu pflegen. Letztlich bleibt nur ein überschaubarer Kreis von Weggefährten, die wie Hannah und Heinrich diesen »homme de lettres« schätzen. Benjamin verfasst ein Selbstporträt, ausgehend von der Pariser Situation, die ihm als Fremdem einen frischen Blick verschafft: Als Flaneur schlendert er in der Großstadt durch die Menge, genau wie Monsieur, dem die Dinge sich in ihrer geheimen Bedeutung enthüllen, indem er auch im Geistigen flaniert. Er sammelt Erinnerungs- und Denkbruchstücke auf und bringt sie sprachlich zur Erscheinung – »mit der Gabe, *dichterisch zu denken*«.[4] Wir können uns vorstellen, wie Hannah und Heinrich mit Benjamin solche Eindrücke austauschen und daraus ihre Erkenntnisse über den Traditionsverlust entwickeln. Ganz anders beurteilen dies das Institut für Sozialforschung und Gershom Scholem, denen Benjamin nicht hinreichend linientreu erscheint, denn er lässt sich weder von marxistischer noch von zionistischer Seite vereinnahmen. Scholems Wunsch, Benjamin möge zum Judentum und zur Metaphysik zurückfinden, will er ebenso wenig genügen wie Theodor W. Adornos Drängen auf ein wahres dialektisches Verfahren. Sein Denk- und Schreibstil zeichnet sich dadurch aus, dass er Fragmente der Geschichte sammelt und selbst im Unscheinbaren Dokumente der Erkenntnis auffindet, um daraus literarische Texte zu bauen. Hannah verfährt theoretischer, aber sie hat eine Affinität zu seiner Mosaiktechnik und seinem dichterischen Denken. Sein literarisches und philologisches Vorgehen beeindruckt sie, die ja selber Sprache und Erkenntnis miteinander verbindet und das Verhältnis von Sprache und Tradition ausmisst. Benjamin hat wie Hannah Philosophie studiert, aber auch er versteht sich nicht als Philosoph, sondern als Literat. Wie Hannah und Heinrich bietet ihm der Marxismus die Idee eines geistigen Überbaus, die er gleichfalls kritisch reflektiert. Allerdings meint Hannah, er sei der merkwürdigste Marxist.

Der Pariser Freundeskreis wartet ab, wie die Zeitgeschichte sich entwickelt, Benjamin schätzt die Lage vorsichtig, ja skeptisch ein und schreibt an Theodor W. Adorno: »Von alledem abgesehen ist, hier zu atmen, auch nicht immer ohne Beklemmung möglich.«[5] Folglich wendet er den Blick zurück. Sein »Engel der Geschichte«, den er in Paul Klees *Angelus Novus* erkennt, wendet sich der Vergangenheit zu und sieht in den Trümmern der Geschichte eine einzige Katastrophe, während der Sturm des Fortschritts ihn unaufhaltsam in die Zukunft weht.[6] Hannah meint, Benjamins Leben ließe sich als eine Geschichte solcher Scherbenhaufen erzählen, aber sie erkennt durchaus seine Leistung an, aus den Denkbruchstücken das Wertvolle herauszukristallisieren.[7]

Die Blüchers machen sich Sorgen um Benji, während Hannah – wie sie Scholem schreibt – von der Wichtigkeit seiner Arbeiten überzeugt ist. »Es scheint mir oft, als käme er erst jetzt an die für ihn entscheidenden Dinge heran.«[8] Sie setzen sich im Winter 1939/40 mit Scholems Buch über die jüdische Mystik auseinander, das dieser Benjamin aus Palästina geschickt hat. Hannah erkennt darin ein Prinzip, das eine weltliche Nächstenliebe bekräftigt. Für Benjamin klingt hier eine Zukunftsvorstellung an, die ihm nicht so sehr Fortschritt, aber doch Hoffnung verheißt und ihn zu seinen Thesen *Über den Begriff der Geschichte* anregt.

Bei Ausbruch des Krieges halten sich Hannah, Heinrich und Benjamin gemeinsam zur Erholung in der Nähe von Paris auf, Benji ist guter Dinge, was seine eigene Arbeit angeht. Doch er ist auch verunsichert, ja verzweifelt wegen des Kriegsgeschehens. Genau wie Heinrich wird er erst im Lager in Colombes interniert, wo die beiden Freunde sich austauschen, von dort wird Benjamin nach Nevers verlegt, wo sich junge Leute um ihn scharen, die von ihm lernen wollen. Nach der Entlassung verfasst er seine *Geschichtsphilosophischen Thesen*, mit denen er, wie Hannah meint, »einer Reihe neuer Sachen auf der Spur war«.[9] Er verlässt Paris mit dem letzten Zug Richtung Lourdes, im Koffer ein paar Hemden, Zahnbürste und vor allem Manuskripte. Die Gestapo hat seine Pariser Bibliothek sowie seine wesentlichen Manuskripte beschlagnahmt und ihn damit seiner Existenzgrundlage beraubt. Durch Vermittlung des französischen Dichters und Diplomaten Saint-John Perse entgeht er einer zweiten Verhaftung, aber Hannah und Heinrich verliert er aus den Augen, als Hannah nach Gurs verschleppt wird und Heinrich nach Montauban. Schließlich trifft er Hannah in Lourdes wieder, die beiden vertreiben sich die Zeit mit Schachspielen, und er redet mit ihr über seine Selbstmordgedanken. Als sie vom deutsch-französischen Waffenstillstandsabkommen und der Klausel erfahren, nach der ehemalige deutsche Staatsbürger »auf Verlangen« ausgeliefert werden müssen, stellt sich Amerika für Benjamin in einem anderen Licht dar. Seine Kollegen vom New Yorker Institut für Sozialforschung haben für ihn ein amerikanisches Notvisum beschafft. Es gelingt ihm, ein Transitvisum für Spanien zu erhalten, um nach Lissabon zu gelangen, wo auch Hannah und Heinrich die Schiffsreise nach New York antreten. Aber ihm fehlt die Genehmigung zur Ausreise aus Frankreich, und so beschließt er überstürzt, mit fremden Leuten loszugehen, die illegal über die Pyrenäen entkommen, doch dem sieben Stunden dauernden Fußmarsch ist er körperlich kaum gewachsen. An der spanischen Grenze erfährt seine Gruppe, dass die Grenze an diesem Tag gesperrt wurde und sein Transitvisum ungültig ist. Sie hätten am nächsten Tag nach Frankreich zurückgehen sollen. In der Nacht vom 26. September 1940 nimmt Walter Benjamin sich das Leben. Hannah teilt diese tragischen Umstände dem gemeinsamen Freund Gershom Scholem im Einzelnen mit: Alle drei besaßen inzwischen Visa für die USA und für Spanien. »Die Visumssperre wurde nach einigen Wochen wieder aufgehoben. Einen Tag früher wäre er anstandslos durchgekommen, einen Tag später hätte man in Marseille gewusst, dass man zur Zeit nicht durch Spanien kommt. Nur an diesem Tag war die Katastrophe möglich.«[10] Wieder einmal trifft ihn das Ungeschick, das Hannah in ihrem Benjamin-Essay als tragische Spur im Leben des Freundes erkennt.

Beim letzten Zusammensein in Marseille hat Benjamin den Blüchers Manuskripte anvertraut, die sie in New York dem Institut für Sozialforschung übergeben sollen. Hierzu gehören auch seine Thesen *Über den Begriff der Geschichte*, die Hannah und Heinrich auf der Schiffsüberfahrt einander und anderen interessierten Flüchtlingen vorlesen, sie alle lassen sich von Benjamins messianischer Hoffnung inspirieren. Als die amerikanischen Medien von den deutschen Lagern berichten, in denen die Juden systematisch vernichtet werden, und bekannt wird, dass die Insassen von Gurs nach Auschwitz transportiert werden, schreibt Hannah 1942 ein Gedicht für den verstorbenen Freund »W.B.«. Sie betrauert den großen Verlust dieses Geistesverwandten.

Kurz nach der Ankunft in New York bringt Hannah Benjamins Manuskripte zum neuen Büro des Frankfurter Instituts für Sozialforschung, das Theodor W. Adorno in der 117. Straße eingerichtet hat. Benjamins Freund Adorno zeigt sich überrascht, dass die Manuskripte noch existieren, aber er tut wenig dazu, sie zu veröffentlichen, wie Hannah es für selbstverständlich gehalten hat. Zum Glück hat sie Kopien angefertigt, so dass sie gegebenenfalls andere Publikationswege suchen kann. Im September 1946 kann sie mit Scholem ihre Freude darüber teilen, dass Schocken Books Benjamins gesammelte Essays herausgeben will, und bittet ihn zwei Monate später, ihr bei der Auswahl der Texte zu helfen.

Karl Jaspers

Die Freundschaft mit Karl Jaspers bahnt sich 1929 an, als Hannah in Heidelberg ihr Philosophiestudium aufnimmt. Sein Vorlesungsstil gefällt ihr besonders deshalb, weil er die Grundfragen des Daseins aufwirft. Schon bald sieht sie in ihrem Doktorvater einen väterlichen Freund. Durch ihre Flucht und Emigration – und durch seine innere Emigration – trennen sich ihre Wege unfreiwillig, und im Oktober 1945 nimmt Jaspers den Kontakt wieder auf. Er und seine Frau Gertrud sind bei der Besetzung Heidelbergs durch die Amerikaner vor der Deportation gerettet worden. Hannah hilft dem Ehepaar Jaspers in der belastenden und kargen Nachkriegszeit von New York aus moralisch und praktisch, indem sie regelmäßig aus New York Briefe und Care-Pakete mit Lebensmitteln, Kaffee und Kleidung schickt. In ihrem frühen Briefwechsel wird deutlich, wie ähnlich beider moralische Vorstellungen sind. Philosophie bleibt für beide von konkreter praktischer Bedeutung im Leben und wegweisend für Menschlichkeit, insbesondere in der durch die jüngste Vergangenheit erschütterten Welt.

Karl Jaspers stammt aus Oldenburg unweit der Nordseeküste, studiert Medizin, lernt 1907 seine künftige Frau Gertrud kennen, die aus einer streng jüdischen Familie stammt und wie er selber an Philosophie interessiert ist. 1910 heiraten sie. Zwischen 1908 und 1915 übernimmt er eine erste wissenschaftliche Stelle in der Psychiatrischen Klinik Heidelberg, nach der Habilitation 1913 hält er Vorlesungen im Fach Psychologie. 1922 wird er zum Ordinarius für Philosophie an der Universität Heidelberg berufen. Zunehmend befasst er sich mit allem, was mit geisteswissenschaftlichem und philosophischem Verstehen zu tun hat. Nach seiner Überzeugung gehören die Grunderfahrungen des Menschen, sein Handeln und die Welt, untrennbar zum Philosophieren dazu. Geistige Freiheit erscheint ihm in seiner Auseinandersetzung mit der universitären Bildung essenziell. Gertrud hat den Nicht-Juden Karl Jaspers ohne das Einverständnis ihrer Eltern geheiratet und führt fortan den Haushalt. Ihre intellektuelle Wachheit bietet ihrem Mann stetige Resonanz und Kritik, ohne sie, so bemerkt er später, hätte seine Philosophie ihre Tiefe nicht erreicht. 1937 stellt man ihn vor die Wahl, sich von seiner jüdischen Frau oder von seinem Lehrstuhl zu trennen. Die Liebe zu seiner Frau ist ihm wichtiger. »Die Rettung bei dem Gefühl des Mitschuldigseins durch das eigene Überleben steigerte den Anspruch, nach Kräften recht zu leben und zu arbeiten.«[11]

Bei ihrem ersten Besuch 1949 in Basel, wohin die Jaspers im Jahr zuvor gezogen sind, weil er einen Ruf an die dortige Universität erhalten hat, erzählt Hannah dem Ehepaar von Heinrich, den Gertrud und Karl Jaspers fortan in die Freundschaft einbeziehen. Jaspers ist hocherfreut über diesen »guten Gefährten«[12], den Hannah schon 1946 erwähnt hat, und nimmt am 28. Dezember 1949 brieflich Kontakt mit Heinrich auf, um ihm von Hannahs Wohlergehen und ihrem Erfolg in Deutschland zu berichten.

Jaspers ist beeindruckt, wie sie als Paar die Jahre der Flucht und Emigration gemeistert haben – »fest zu Hause in dem freien geistigen Reich, erfüllt von der Gegenwart und mitdenkend tätig an der Zukunft«.[13] Nun hoffen er und seine Frau auf ein persönliches Kennenlernen. Inzwischen befasst sich Heinrich intensiver mit dem philosophischen Werk von Karl Jaspers, denn ganz ähnlich wie er selbst legt Jaspers Wert auf Denkprozesse, auf Kommunikation. Die Frage, wie der Einzelne in der Begegnung und im Denken mit anderen zu sich selber kommt, steht für sie beide im Mittelpunkt. Heinrich antwortet Jaspers nicht direkt, sondern reagiert ausführlich in einem Brief an Hannah darauf und bittet sie, Jaspers seine Wertschätzung zu übermitteln. Er ist dankbar für all die Jahre, in denen dieser mit seinem moralischen Maßstab für sie beide wegweisend war.[14] Jaspers wiederum fühlt sich von Heinrich zutiefst verstanden und bestärkt und meint in Heinrich einem Menschen zu begegnen, mit dem seine Arbeit eine »gemeinsame Sache« sei.[15] Die Freundschaft zu Jaspers begleitet und bereichert Heinrich in den fünfzehn Jahren seiner Unterrichtstätigkeit. Damit ist der Grundstein für eine Freundschaft zu viert gelegt, selbst wenn es vorerst bei einem familiären Zusammensein zwischen Hannah und dem Ehepaar Jaspers bleibt.

Nach ihrer Rückkehr aus Basel erzählt Hannah ihren New Yorker Freunden ausführlich von den Begegnungen mit Gertrud und Karl Jaspers. Ihnen dankt sie für das »immer erneute Glück des rückhaltlosen Gesprächs, das ich so sonst nur zu Hause kenne, und das, weil es nochmals möglich ist (außerhalb des eigenen Zuhauses, das man sich ja mit sich selbst errichtet hat), zu einem immer lebendigen Faktor meiner Welt geworden ist«.[16]

Heinrichs erster Brief an Karl Jaspers klingt so, als seien die beiden längst als Kollegen befreundet und er setze hier das Gespräch fort. Für die Vorbereitungen seiner Einführung in die Philosophie an der New School ebenso wie für den Common Course am Bard College nutzt er die Manuskripte von dessen dreizehn Radiovorträgen »Einführung in die Philosophie«, vielleicht basiert seine Lehre überhaupt auf dessen Schriften. Fragen zu stellen und die Lebenssituation der Studenten anzusprechen, darum geht es beiden. Sie ringen auch um angemessene Neuerungen an der Hochschule. Sollen die Künste in die akademische Lehre einbezogen werden, wie Heinrich propagiert, oder gehören sie an separate Hochschulen? Die Universität soll die Studenten als Persönlichkeiten bilden und nicht nur für ihren Berufsweg qualifizieren. Solches Nachdenken über die Fragen, die den Menschen in der Lebenswirklichkeit betreffen, entspricht Hannah ebenso wie Heinrich. Für seine neue Lehrtätigkeit setzt er auf die pädagogische Methode der Exploration im Gegensatz zu jeglicher Dogmatik, und sieht die Philosophie als Grundlage aller anderen akademischen Disziplinen. Es fällt auf, dass die meisten Philosophen im Common Course auch Protagonisten in Jaspers' *Die großen Philosophen* (1959) sind. Sicher profitiert Heinrich in seinem Denken und in der Lehre enorm von Jaspers. Umgekehrt ist er derjenige, der die theoretischen Konzepte von Jaspers für die Studenten am Bard College praktisch nutzbar macht.

Gemeinsamer Nenner der beiden Paare ist die grundsätzliche Frage, wie die Möglichkeiten des Menschen verantwortungsvoll zu nutzen sind. Allerdings reibt sich Heinrich an dem protestantischen Hintergrund von Jaspers' Weltanschauung und dessen »Käseglocke« der Transzendenz, er hält es für zu unpolitisch, das Gewissen vor Gott zu prüfen, so wie Jaspers es fordert. Doch das Gespräch darüber reißt nicht ab, ihr Philosophieren soll im Leben des Einzelnen relevant sein. Fortan gehört Heinrich zur Freundschaft zwischen Hannah und dem Ehepaar Jaspers dazu: »Uns geht es gut. Monsieur hat seine Vorlesungen an der New School begonnen, und es macht ihm Freude. Ich habe das Buch fertig korrigiert, unter lauten Klagen ... Höre viel Musik. Sehe auch Freunde.«[17]

Die Synergie zwischen der ehemaligen Schülerin Hannah und ihrem väterlichen Freund ist die eigentliche Achse der Vierer-Freundschaft. Der Raum zwischen den beiden bestimmt, wie die Gespräche zwischen ihnen, aber auch zwischen den Ehepartnern und Freunden sich entfalten.[18] Im Laufe der Jahre wechseln die Themen, die Vielstimmigkeit nimmt zu, vor allem wächst das Gefühl von Vertrautheit. Doch Arendt und Jaspers gehen von verschiedenen Grundannahmen über den Menschen aus: Während für sie der Mensch primär in Beziehungen und in der Welt existiert, nimmt Jaspers den Menschen als isoliertes Individuum wahr, das in Kommunikation mit anderen tritt. Die Dynamik des kommunikativen Austauschs in diesem Zwischenraum pflegen beide Paare innerhalb ihrer Ehe sowie als freundschaftliches Quartett.

Arendt und ihr ehemaliger Doktorvater fördern sich gegenseitig bei der Veröffentlichung ihrer Werke. Ihre *Sechs Essays* erscheinen 1948 im Verlag der von Jaspers gegründeten Zeitschrift *Die Wandlung* als Buch, sie wiederum setzt sich für die amerikanische Ausgabe seines Buches *Die Schuldfrage* (1946) ein, das im selben Jahr unter dem Titel *The Question of German Guilt* im New Yorker Verlag Dial Press erscheint. Zuerst bemüht sie sich selbst, das Buch ins Englische zu bringen, übergibt diese Aufgabe aber schließlich einem Übersetzer. Das Buch basiert auf seiner Vorlesung im Wintersemester 1945/46 über die Schuld des deutschen Volkes an den Verbrechen des Nationalsozialismus. Wie Jaspers hier gegen eine Kollektivschuld argumentiert, wirft ein Licht auf seine spätere Unterstützung in den Anfechtungen nach Arendts Berichterstattung über den Eichmann-Prozess. 1955 schreibt er ein Geleitwort zu ihrem Buch

Elemente und Ursprünge totaler Herrschaft, das nach erfolglosen Bemühungen bei diversen deutschen Verlagen schließlich bei der Europäischen Verlagsanstalt erscheint.

Als Hannah und Heinrich 1955 eine Europareise planen, versichert Jaspers ihnen, dass sie in seinem Hause in Basel herzlich willkommen seien. Doch der Besuch im Hause Jaspers kommt erst sechs Jahre später zustande. Inzwischen findet ein lebhafter Austausch über ihre Bücher und Gedanken, über den Zeitgeist und die politische Lage auf beiden Seiten des Atlantiks statt. Der Anspruch an Bildung und Philosophie steht im Mittelpunkt des Briefdialogs. Hannah informiert Jaspers voller Sorge über die Entwicklungen während der McCarthy-Zeit, wobei beide versuchen, die Situation humorvoll und moderat einzuschätzen. »Sie haben in Ihrem Leben praktisch gezeigt, dass Aktivität, Wiederherstellung, Umkehr immer noch bleiben können… Jetzt habe ich vor Augen, glücklicher Stimmung, wie Sie und Heinrich Blücher dort denken und arbeiten – und Gertrud und ich sind froher in unserem Arbeitsleben, weil diese einzelnen, zerstreuten, unsentimentalen, in der Heiterkeit ernsten Menschen leben, die uns begegnet sind, und unter denen Sie jetzt für uns so unersetzlich sind.«[19]

Bei der bereits erwähnten Verleihung des Friedenspreises des Deutschen Buchhandels an Karl Jaspers 1958 hebt Hannah in ihrer Laudatio die Menschlichkeit ihres Freundes hervor, der in einem vollkommen gegenwärtigen, durch Vernunft geschaffenen und von Freiheit regierten Reich beheimatet sei. Sie schließt in Dankbarkeit: »Ich spreche hier im Namen derjenigen, welche Jaspers einmal in dies Reich geführt hat.«[20]

Nach den langen, herausfordernden Monaten des Eichmann-Prozesses in Jerusalem, von dem im nächsten Kapitel die Rede sein wird, reist Hannah nach Zürich, um von dort aus mit Heinrich nach Basel zu Gertrud und Karl Jaspers zu fahren, die ihn nun endlich persönlich kennenlernen. Der Besuch stellt sich als anregend heraus, sie sitzen zu viert um einen Tisch, sind inzwischen miteinander zum Du übergegangen und können sich ohne Missverständnisse unterhalten. Für das Ehepaar Jaspers klingt der so einvernehmliche Besuch noch nach, sie staunen, wie geistig nah sie einander trotz der so unterschiedlichen Lebenserfahrungen sind. Hannah und Heinrich erleben im Hause Jaspers dankbar »die alte europäische Heimat«.[21]

Der ausgedehnte Briefwechsel vermittelt einen Eindruck von der Vielzahl an Themen, die dieses Quartett verfolgt, oftmals durchaus kontrovers. Die Frage, worauf nach den Jahrhundertkatastrophen noch Verlass sein kann, vor allem, welche Menschen noch verlässlich sind, lässt sie nicht in Ruhe. Ganz offensichtlich können sie einander vertrauen. Immer wieder klingen Vorfreude auf gemeinsame Stunden in Basel oder Erinnerungen daran an. Das gegenseitige

Denken aneinander und die sich innerlich fortsetzenden Gespräche tragen die Freundschaft. Beispielsweise berichtet Hannah Jaspers, wie bestürzt die Menschen sind, als die Nachricht von der Ermordung John F. Kennedys die Runde macht. Die vier Freunde sind gleichermaßen entsetzt über dieses Ereignis und dessen unbefriedigende Aufklärung. In der politischen Zeitgenossenschaft sind sie sich einig, Philosophie gehört als gesellschaftlicher Auftrag und Diskurs mitten in ihr Leben.

Hannahs Berichterstattung über den Eichmann-Prozess erscheint zuerst als fünfteilige Serie im *New Yorker* und dann als Buch, Jaspers verfolgt die Pressereaktionen darüber. Eher unerwartet sieht sie sich heftigen Diffamierungen ausgesetzt, und sie leidet unter einer gegen sie geführten Verleumdungskampagne. Jaspers bekennt sich uneingeschränkt zu ihr: »Du bist wirklich ahnungslos wie in einen Hinterhalt geraten, in dem ein giftiger Kampf gegen Dich geführt wird …«[22] Seine Empathie hängt vermutlich auch damit zusammen, dass seine jüdische Ehefrau viele Jahre mit Lügen und Verleumdungen zu leben hatte. Vor allem beeindruckt Jaspers Hannahs schriftstellerische Ausdruckskraft, die ihn an Lessing erinnert. »Ich habe Dein Buch von der ersten bis zur letzten Zeile gelesen. Ich halte es in der Sache für großartig, in der Intention für ein Zeugnis Deines unbedingten Wahrheitswillens, in der Denkhaltung für tief und verzweiflungsvoll, in der Schreibweise für einen weiteren Beweis Deines literarischen Könnens.«[23] Nachdem ihn ihr Buch über Augustin nicht vollkommen überzeugte, muss dieses Lob für sie glaubwürdig sein. Jedenfalls versichert er ihr, sich öffentlich zu dem Eichmann-Buch zu äußern, sollte der Lärm um das Buch auch in Deutschland losgehen. Das Lehrer-Schülerin-Verhältnis hat sich in gegenseitige Bewunderung verwandelt.

Sie widmet *Über die Revolution,* das sie in Basel ins Deutsche übersetzt, ihren dortigen langjährigen Freunden: »Für Gertrud und Karl Jaspers – in Verehrung – in Freundschaft – in Liebe«. Seine Reaktion: »Wir beide freuten uns über die Widmung. Wie schön ist das! – Ich lese das Buch jetzt in einem Zug noch einmal. Großartig scheint es mir an Tiefe der Einsicht, Klarheit der Darstellung.«[24] Beide halten, genau wie Heinrich, das Buch für einen aufrüttelnden Text, der an die Möglichkeiten revolutionären Denkens appelliert. Zwar hat Jaspers seinerseits Hannah kein Buch gewidmet, doch in seiner Autobiografie wird deutlich, wie sehr er die innere Unabhängigkeit dieser Weltbürgerin bewundert: »Mit ihr konnte ich noch einmal wieder auf die Weise diskutieren, die ich mein Leben lang begehrte … in der vollkommenen Rückhaltlosigkeit, die keine Hintergedanken zulässt … das radikale gegenseitige Sichfreilassen und das Aufhören von abstrakten Forderungen, da sie erlöschen in der faktischen Treue.«[25]

Robert Gilbert

Die Freundschaft mit Robert geht zurück auf die gemeinsamen revolutionären Jahre: Wie Heinrich kämpft er im Spartakusbund. Bekannt ist er jedoch für seine Schlager und Gassenhauer, ehe er sich Operette, Oper und Film widmet. Er komponiert und textet unter anderem für die Comedian Harmonists, deren kritisch-humorvoller Ton seinem geistreichen Witz entspricht. Heinrich und Robert ziehen in den Berliner Jahren nachts durch die Straßen und diskutieren als kommunistisch engagierte junge Leute über Politik und Weltgeschehen. 1938 treffen sie sich in Paris wieder, nun gehört auch Hannah Arendt dazu. Ob sie die Freundschaft nach ihrer beider Emigration in New York pflegen, bleibt eine offene Frage. Erst in den 1950er Jahren finden sie wieder enger zueinander, im Tessin genießen sie gemeinsame Zeiten, als Hannah und Heinrich den Sommer in Tegna verbringen. Die Gilberts lassen sich in Minusio bei Locarno nieder, unweit von Tegna, so dass sich künftig Treffen zu viert, nach Heinrichs Tod zu dritt, ergeben.

Die Freunde ringen miteinander um die Frage nach einer wahrhaftigen Sprache. Roberts Wortwitz, das künstlerische Aufbegehren gegen falsche Verheißungen und Lügen verbindet ihn mit Hannah und Heinrich.

Robert Winterfeld stammt aus einer jüdischen Familie in Berlin, sein Vater hat als erfolgreicher Operettenkomponist das Pseudonym Jean Gilbert angenommen. Diesen Künstlernamen übernimmt Robert 1925, als er für das musikalische Lustspiel *Annemarie* Songtexte schreibt und zusammen mit seinem Vater die Musik komponiert. Am Anfang seiner Musikerkarriere engagiert er sich 1918/19 beim Spartakusbund und lernt Heinrich kennen, als dieser dort als Redner auftritt. Beide verbindet eine Leidenschaft für Kultur, Geschichte und Politik. Beide orientieren sich gegen Stalin und bilden mit Gleichgesinnten eine Opposition innerhalb der KPD. Doch anders als Heinrich, der die Geisteswissenschaften der politischen Aktion vorziehen wird, bewegt sich Robert, wie er selber zu sagen pflegte, von Schopenhauer zum Gassenhauer.[26] Er findet politisch engagierte Kollegen, mit denen er im Kabarett künstlerisch, kritisch, satirisch auftritt, was allerdings politische Anschläge nicht ausschließt. Zwischen Revolution und bürgerlichem Amüsierbetrieb wirkt Gilbert an Filmen und Operetten mit und schreibt revolutionäre Lieder. Die Entwicklung des Tonfilms verändert die Unterhaltungsindustrie, und die Filmindustrie boomt, so dass sich für Robert neue Perspektiven eröffnen: Komponieren für den Film und Verfassen von Drehbüchern. Wie intensiv hierbei die Zusammenarbeit mit Heinrich ist, bleibt unklar, selbst wenn der behauptet, durch seine Beziehungen zum Film habe er mit »Film-Manuskripten, Songs, dramaturgischen Bearbeitungen …« dazuverdient.

Bezeichnend für Gilberts Stil und auch für die Freundschaft mit Heinrich und Hannah ist sein berühmtes Lied »Ein Freund, ein guter Freund«, das er für die Tonfilm-Operette *Die Drei von der Tankstelle* textet und das zum Repertoire der Comedian Harmonists gehören wird. Die Zeilen »Ein Freund bleibt immer Freund, / auch wenn die ganze Welt zusammenfällt« beschreiben die beständige Beziehung zwischen den Blüchers und Gilbert.

Hitlers Machtergreifung gefährdet Roberts Leben doppelt – er ist Jude und politisch engagiert. Bis 1933 ist er mit seiner Arbeitswohnung in der Künstlerkolonie Wilmersdorf gemeldet, unweit von Heinrichs Wohnung in der Forststraße. Nach dem bereits erwähnten Anschlag vom 15. März flüchtet Gilbert mit Vater und Bruder auf abenteuerliche Weise über die österreichische Grenze. Jean Gilbert hat eine luxuriöse Limousine mit livriertem Fahrer gemietet, die Söhne Robert und Henry sitzen hinter ihm im Wagen, beide haben darauf verzichtet, ein Ausreisevisum zu beantragen, um keinen Verdacht zu erwecken. Die Grenzbeamten bestechen sie mit Geld und bieten ihnen das Lied »Puppchen, du bist mein Augenstern« dar, und man lässt sie einreisen, da in Wien eine von Jean Gilberts Operetten zur Aufführung kommen soll. Ob die Flucht sich genauso abgespielt hat, wie sie von Robert erinnert und von seiner Tochter berichtet wird, ist fraglich, da die Reisefreiheit zu diesem Zeitpunkt noch uneingeschränkt war.[27] Immerhin vermittelt sein Gedicht »Abschied im April« einen Eindruck davon, mit welch gemischten Gefühlen er sein Vaterland verlässt. Fortan schreibt er unter verschiedenen Decknamen Liedtexte und Libretti sowie politische Lyrik.

Nach Hitlers Einmarsch in Österreich 1938 führt Roberts Fluchtweg weiter nach Paris, wo er Heinrich wiedersieht und nun auch Hannah kennenlernt. Heinrich hat ihr den Freund schon angekündigt: »Morgen soll Robert kommen. Ich freue mich, dass er raus ist, ja freuen ist zu wenig, ich bin ganz glücklich, dass er außer Gefahr ist.«[28] Heinrich findet in Robert den gleichgesinnten revolutionären Geist wieder, Hannah wird ihn später als einen jungen Heinrich Heine in dessen verborgener jüdischer Tradition sehen. Das Vertrauen auf die Dichtung, auf deren Klang und Humor ist der gemeinsame Nenner.

1939 gelingt Robert mit seiner Frau Elke und Tochter Marianne die Emigration in die USA. Der Anfang dort gestaltet sich schwierig, denn seine künstlerische Arbeit, vor allem sein Sprachwitz, ist an die deutsche Sprache und Kultur gebunden. Er komponiert weiterhin Operetten und Schlager, der Ton seiner Gedichte wird ernster, hin und wieder gelingt ihm ein Liedtext auf Englisch. Gern streift er durch den Theaterbezirk von Manhattan, nicht zuletzt in der Hoffnung, einen Broadway-Produzenten für sich zu gewinnen. Er ist gänzlich unpraktisch veranlagt, aber Texte und Musik bleiben selbst in kargen Zeiten seine Leidenschaft. Für den bescheidenen Lebensunterhalt sorgt Elke, zuerst als Näherin, dann als Verkäuferin von Kosmetikprodukten. Trotz kleinerer Aufträge gelingt es Robert nicht, sich in der Unterhaltungsszene zu etablieren. Sein Lied »Da wär's halt gut, wenn man Englisch könnt« dokumentiert dies. 1945 bringt der kleine Verlag Peter Thomas Fisher einen Band mit Roberts Gedichten heraus, zu dem Hannah eine Rezension verfasst und dem Autor attestiert, in der Tradition der deutschen Dichter zu stehen. Aufgrund dieser Tradition, aber auch wegen des politischen Klimas und finanzieller Sorgen verlassen Robert und Elke 1949 die USA und wagen einen Neuanfang in der Schweiz. Kurz nach der Ankunft in Europa schickt er Hannah und Heinrich eine Postkarte aus München – auf Englisch, voller Optimismus, aber mit sorgenvollem Unterton. Vor allem versichert er ihnen beiden seine ewige Liebe: »And I love you both eternally.«[29] Diese Postkarte erwähnt Heinrich in seinem Weihnachtsbrief an Hannah, bevor sie Robert in Europa wiedersieht.[30]

Viel Zeit und Kraft gehen nun in die Entschädigungsangelegenheiten, mit denen sich auch Hannah und Heinrich in eigener Sache befassen. In der Korrespondenz mit Robert über sein Entschädigungsverfahren spielt Heinrich auf ihre ehemalige Zusammenarbeit an. Robert und Elke bestätigen eidesstattlich Heinrichs schriftstellerische Tätigkeit Anfang der 30er Jahre, aber raten, er solle seine Ansprüche vor allem aufgrund seiner antifaschistischen Tätigkeit geltend machen. Seinen »stillen Mitarbeiter« möchte Robert ihn nicht nennen, weil ihn dies in Schwierigkeiten bei seinem eigenen Wiedergutmachungsverfahren bringen könnte.[31]

Robert schickt Hannah 1971 eine Abschrift seiner Gedichte, die unter dem Titel *Mich hat kein Esel im Galopp verloren – Gedichte aus Zeit und Unzeit* erscheinen sollen. Sie hilft ihm bei der Auswahl der Gedichte und macht sorgfältige, detaillierte Anmerkungen, mal schlägt sie ein anderes Wort oder eine andere Silbe vor, mal ein paar neue Zeilen, sie setzt hier ein Häkchen oder schlägt da eine Streichung vor. Schließlich verfasst sie ein Nachwort für das Buch, das 1972 im Piper Verlag herauskommt, wo ihre Bücher erscheinen. Sie lobt an Gilberts Sprech- und Denkart die »unbekümmerte Vitalität«, die sich der Konsumgesellschaft widersetze und dem Dialekt Platz und Rang im Poetischen verschaffe.[32] Dem Exemplar des »Eselsbuchs« fügt er eine Widmung bei: »Hannah, geliebtes Wesen, – this is my own little ›Quest for God‹, geweihräuchert durch Deine holde Hand, Dein Robert, Minusio, Sept. 72«, und bezieht sich mit der Suche nach Gott auf den Titel von Heinrichs letzter Vorlesungsreihe im Herbst 1951 und Frühjahr 1952 am Bard College.

Alfred Kazin

Im April 1947 nimmt Hannah Kontakt zu dem Literaturwissenschaftler und Journalisten Alfred Kazin auf, da ihr sein Artikel über Franz Kafka in der *New York Harald Tribune* imponiert hat. Drei Jahre zuvor hatte sie selbst einen kontroversen Beitrag in der *Partisan Review* veröffentlicht[33], einer liberalen und dem demokratischen Diskurs verpflichteten Zeitschrift, für die sie beide schreiben, und somit vermag sie sehr wohl einzuschätzen, wie Kazin den philosophischen Gehalt dieses Autors erkennt. Dennoch kann sie nicht umhin, darauf hinzuweisen, dass Kafka keineswegs ein tschechischer Autor sei, sondern vielmehr als jüdischer Autor gelten solle. Vor allem nimmt sie dies zum Anlass, Kazin zum Lunch einzuladen. Kurz zuvor hatten sie sich bereits bei einem Dinner kennengelernt, und Kazin ist fasziniert von dieser gut aussehenden Frau mit ihrem wachen Geist und nicht zuletzt von ihrer erotischen Ausstrahlung. Ihn begeistert, wie sie über ihre neue Heimat und deren Vorzüge im Vergleich zum alten Europa nachdenkt. Zwischen 1947 und 1974 gehen neunzehn Briefe von Kazin an Hannah sowie neunzehn Briefe und zwei Postkarten von Hannah an ihn. Bei seinen Besuchen bei Hannah und Heinrich kommt es ihm vor, als teilte das Ehepaar die bescheidene Unterkunft mit den Geistesgrößen der europäischen Kulturgeschichte, zumal Heinrich im Wohnzimmer unbeirrbar gelehrte Vorträge hält.

Kurz nach der ersten Zusammenkunft schickt Kazin ihnen sein Opus magnum *On Native Grounds. An Interpretation of Modern American Prose* (1942), (*Amerika. Selbsterkenntnis und Befreiung*, 1951), eine Kulturgeschichte Amerikas im Spiegel seiner Prosaliteratur von 1890 bis 1940, das den damals siebenundzwanzigjährigen jüdischen Intellektuellen in die Schlagzeilen bringt. Hannah teilt ihm mit, sie lese in dem Buch jeden Tag beim Frühstück und habe selten mit solchem Vergnügen so viel über Amerika gelernt. Er ist etwas pikiert, dass sein Buch solch leichte Lektüre sein kann, bis ihm klar wird, dass daran auch der Unterschied in der humanistischen Bildung einer Europäerin gegenüber seinem amerikanischen Anspruch an Literatur deutlich wird. Selbstironisch bemerkt er, beim Frühstück überfliege er eher geistlos alte Tageszeitungen oder überlege sich die Bepflanzung seines Gartens. Humor spielt in dieser Freundschaft eine wichtige Rolle.

Gemeinsam verbringen sie 1950 die Sommerferien in dem Künstlerdorf Manomet auf der Halbinsel Cape Cod unweit von Boston. Alfred Kazin hilft Hannah bei den Schlusskorrekturen des Manuskripts von *Origins of Totalitarianism*. Im Jahr zuvor hat er dem Verlag Harcourt Brace and Company, für den er als literarischer Berater tätig ist, das Manuskript zugestellt, worauf Hannah im November 1949 eine begeisterte Zusage erhält. Nun bemüht er sich, das Buch, auf das er so große Stücke hält, in lesbares Englisch zu bringen. Indem er die komplexen teutonischen Sätze entwirrt, bestätigt sich sein Eindruck, was für ein hervorragendes und aufrüttelndes Buch er da auf den Weg bringt. Zurück in seinem Alltag in Minneapolis, wo er sich vorübergehend wegen eines Lehrauftrags aufhält, schreibt er einen ausführlichen Brief an Hannah, der die Zeit in Manomet evoziert und merklich verliebt schließt: »Ich vermisse Dich mehr, als ich in Worte fassen kann, und kann es gar nicht erwarten, Dich zu sehen. Es ist schwierig, das in einem Brief zu sagen – aber wirklich, Hannah, wie oft spreche ich mit Dir, ohne dass Du es weisst. Alles Liebe an Heinrich.«[34] Und er legt ihr den Text eines Liedes bei, »Green Grow the Rushes, Ho«, das sie, wie er im Postskript anmerkt, beim nächsten Zusammensein gemeinsam singen wollen. In jedem seiner Briefe aus Europa, wo er 1951 in Paris, in der Provence, in Florenz, Rom und Salzburg unterwegs ist, versichert er Hannah und Heinrich, wie sehr er sie vermisst. Während er noch am Salzburg Global Seminar in Schloss Leopoldskron teilnimmt, widmet sie sich in New York mit Sorgfalt und vielen Details den Fahnen von *Walker in the City*, dem ersten Teil seiner Autobiografie. Nach einem gemeinsamen Wochenende notiert Kazin in sein Tagebuch: »Letztes Wochenende auf dem Land habe ich einen sehr persönlichen Eindruck von ihrer grundsätzlichen Einfachheit bekommen –, also, womit ich meine, wie natürlich sie ist, wie gesund im höchsten Maße. Manchmal ist sie so begriffsstutzig, weil sie sich nicht vorstellen kann, wie alle anderen so unnatürlich sein können. Insgesamt ist sie für mich das menschlichste Wesen, das ich je gekannt habe. Nicht so originell wie Heinrich natürlich, aber unvergleichlich viel interessanter, weil sie diese menschliche Qualität hat.«[35] Offenbar räsoniert er noch über die Gespräche, denn wenige Tage später notiert er: »Ich fühle mich nicht wie ein Jude. Hab ich nie – nein, nicht in meiner Seele.«[36] Hannah hätte dies vermutlich für eine Selbsttäuschung gehalten. Als sich 1952 die »Kinder«, Kazin und seine Freundin und spätere dritte Ehefrau Ann Birstein, in Paris aufhalten, ist ihre Vorfreude auf ein Wiedersehen groß. Zu dritt unternehmen sie einen Ausflug nach Chartres, von dem Hannah Heinrich begeistert berichtet: himmlischer Frühling, wunderbare Architektur, Sonnenlicht, das durch die blauen Fenster strahlt.[37] Die Begegnung lässt Hannah nachklingen, indem sie Kazin ausnahmsweise auf Deutsch schreibt: »Mein lieber Junge – dieser Brief soll Dich so grüßen in dem unheimlichen Land und der zerstörten Stadt und in der Fremde, wie Du mich gegrüsst hast, als ich nach Paris kam.«[38]

Am Neujahrstag 1952 notiert Kazin in sein Tagebuch: »Ann, Hannah und Heinrich leben nach Prinzipien mehr als jeder andere Mensch, den ich kenne. Wenn man sie liebt, liebt man das Gute, das sie lieben, das ihr Leben leitet und dem gegenüber sie sich selber als geringer ansehen, als Dienende.«[39] Die leidenschaftlichen Auseinandersetzungen zwischen Hannah und Heinrich gehen Kazin nicht aus dem Sinn. Die beiden wechseln unvermittelt ins Deutsche, wenn ihnen unerwartet ein philosophischer Gedanke kommt, für den sie sich begeistern. »Heinrich, die Pfeife zwischen den zusammengepressten Lippen, knurrte seine Argumente hervor, als wäre er immer noch auf dem Schlachtfeld. ... Hannah, trotz ihrer vornehmen Herkunft, sprach über Philosophie, als stünde sie allein da in einem fremden Land und in einer fremden Sprache gegen mächtige Irrtümer. Sie konfrontierte dich mit der Wahrheit; sie konfrontierte dich mit ihrer Freundschaft; sie konfrontierte Heinrich, selbst wenn sie ihm in dem leidenschaftlichsten Seminar zur Seite stand, das mir je zwischen einem Mann und einer Frau, die zusammen leben, begegnet ist.«[40] Die großen Philosophen sind fast so präsent wie die Gäste in diesem kultivierten Haus, auch wenn der Bruch mit der Tradition ihnen allen klar ist. Die stets herzliche Gastfreundschaft und der Portwein täuschen nicht darüber hinweg, im Gegenteil. Neues beginnt nur in der Gemeinsamkeit.

In seinem Ringen mit dem Judentum und der Shoah und angesichts der mangelnden Auseinandersetzung damit fühlt er sich Hannah verbunden: »Sie wurde ganz essentiell für mein Leben. So sehr ich sie liebte und mich geduldig der intellektuellen Einsamkeit unterwarf, die für andere wohl arrogant wirkte, liebte ich sie wesentlich in ihrem richtungsweisenden Denken, in ihrer Bereitschaft, Widersprüche auszuhalten, die aus ihrem Verständnis der europäischen Katastrophe resultierte.«[41] In seiner Erinnerung ermutigen Hannah und Heinrich den Freundeskreis in ihrem intellektuellen Exil zu vorbehaltlosen Gesprächen, weil sie rastlos alles hinterfragen und selbst auf die subtilsten Anzeichen von unfreiem Handeln und Denken den Finger legen.

Helen und Kurt Wolff

Das Verlegerehepaar Helen und Kurt Wolff und die Blüchers kommen etwa zur selben Zeit als Flüchtlinge in New York an, doch erst Ende der 1940er Jahre lernen sie sich kennen, als Hannah bereits Cheflektorin bei Schocken Books ist und Kurt und Helen sich mit dem Verlag Pantheon Books etabliert haben. Hannah trifft das Verlegerehepaar regelmäßig zum Lunch im Restaurant Gran Ticino – ihre Liebe zum Tessin mag die Wahl dieses Treffpunkts beeinflusst haben. Meist geht es um verlegerische Dinge. Doch auch privat kommen die beiden Ehepaare gern zusammen und freunden sich herzlich an.

Kurt Wolff hat 1912 in Leipzig einen Verlag gegründet, der wesentlich expressionistische Autoren pflegt und sich unkonventioneller Werbemethoden bedient: Neue Bücher lässt er auf Litfaßsäulen bewerben. In Florenz gründet er einen weiteren Verlag für bibliophile Kunstbücher. Nachdem der Leipziger Verlag nach München umgezogen ist, lernt der Verleger 1927 Helene Mosel kennen, die in seinem Verlag ein Praktikum absolviert und 1933 seine zweite Ehefrau wird. Im selben Jahr emigriert das Paar nach Nizza und reist von dort nach Florenz, doch als sie 1938 nach Südfrankreich zurückkehren, wird Kurt Wolff interniert. 1941 gelingt den beiden die Ausreise in die USA, wo sie im Folgejahr einen Verlag gründen, der insbesondere 1944 durch eine englischsprachige Neuauflage von *Grimms Märchen* Aufschwung erhält. Die Wolffs und die Blüchers sind durch ähnliche Fluchterfahrungen gegangen und haben in New York Fuß gefasst, sie sprechen dieselbe Sprache und lieben die deutsche Literatur.

Trotz des gemeinsamen Nenners wird die Freundschaft gelegentlich auf die Probe gestellt: Helen Wolff bittet Hannah, eines ihrer Bücher zu rezensieren, am liebsten für die *New York Times*. Dieser erste Brief vom 28. April 1954 eines über zwanzigjährigen Briefwechsels ist in sachlichem Ton verfasst, doch die herzlichen Grüße an den Gatten fehlen nicht. Hannah lehnt die Anfrage telefonisch ab, offenbar kategorisch, worauf Helen aufgebracht reagiert: »Warum das so sein muss? Aber es muss wohl so sein, siehe oben. Ein Trost: dass bessere Menschen, ehrlichere Menschen als wir beim Pantheon, klügere und mutigere auch daran zugrunde gegangen sind …« Dann fügt sie handschriftlich hinzu: »Verzeihen Sie diesen

Outburst, Ihre refus war gerade eben der letzte Tropfen.«[42] Die vergebliche Hoffnung, dass Hannah mit ihrer Kompetenz und ihrem Namen dem Buch *The Homeric Gods* von Walter Otto zu mehr Öffentlichkeit verhilft, ist zerschlagen – aber nicht die Freundschaft. Hannah erwidert ausführlich, warum sie sich nicht für eine Rezension hergeben möchte, für die ihr der altphilologische Hintergrund fehle, gibt dabei konstruktive Hinweise, wer das Buch in welcher Zeitschrift kundig besprechen könnte. Helen und Kurt respektieren ihre professionellen, aber auch ihre verletzlichen Seiten, und so steht einer von gegenseitiger Sympathie getragenen Freundschaft nichts mehr im Wege.

Ein eindrucksvolles Treffen gelingt im Herbst 1959 in Locarno, wohin die Wolffs 1958 gezogen sind. Hannah lässt das Zusammensein nachklingen, während sie noch bei den Jaspers in Basel weilt: »Liebe, liebe Freunde, so schön sind wir noch nie zusammen gewesen, als hätten wir einen dritten Ort gebraucht und die leichte Verfremdung eines Nicht-zu-Hause-Seins, damit alles so zum Vorschein komme, wie es doch offenbar von Anfang an gemeint war.«[43] Sie geht allerdings gleich wieder zum Sachlichen über und äußert sich zur amerikanischen Ausgabe der *Großen Philosophen* von Karl Jaspers, welche die Wolffs in zwei Bänden mit Hannah Arendt als Herausgeberin und mit einem Vorwort von ihr veröffentlichen, nachdem sie sich wegen erwünschter Kürzungen des umfangreichen Werkes Jaspers gegenüber als Vermittlerin betätigt hat.

Inzwischen sind sie zum persönlichen Du übergegangen. Auch Helen und Kurt empfinden die Begegnung als geglückt und erfreuen sich tagelang an Hannahs Rosenstrauß. Schon im folgenden Frühjahr vermissen sie Hannah, die sie auf einen Besuch mit Heinrich im Winter vertröstet, der dann doch nicht zustande kommt. Noch einmal haben sie wegen Karl Jaspers eine Auseinandersetzung auszutragen, als nach dem Verkauf von Pantheon Books die Wiederaufnahme seiner *Großen Philosophen* im Verlag Harcourt Brace & World auf Eis liegt, ehe das Buch 1962 dort erscheint. Letztlich glätten eine ausführliche Entschuldigung von Kurt Wolff und die gemeinsame Arbeit von Hannah und Helen am Lektorat der Übersetzung der *Great Philosophers* die Wogen.

Ein weiteres Projekt wird der Band *Illuminations,* die Essaysammlung von Walter Benjamin, die Kurt und Helen Wolff herausgeben möchten. Hannah hat sich zwei Jahrzehnte zuvor bei Schocken vergeblich um eine solche Veröffentlichung bemüht, 1967 bittet Helen sie nun, die Texte auszuwählen und eine Einleitung zu verfassen. Anders als im Kontext der Jaspers-Kontroverse sparen die Briefe zum Thema Benji persönliche Dinge aus, aber für Grüße an Monsieur reicht es meist. Sosehr die Freundschaft aus der Leidenschaft für Bücher lebt, gründet sie doch wesentlich auf Menschlichkeit. Dennoch mahnt Hannah vertragsgemäße Honorare für ihre herausgeberische Tätigkeit und für die Einleitung an. Dass Hannah ihren für die Einleitung geschriebenen Benjamin-Aufsatz im *New Yorker* und im *Merkur*[44] veröffentlicht, hilft dem Buch zweifellos und mag Pläne zu weiteren Benjamin-Büchern bei den Wolffs beflügelt haben.

Nachdem Kurt Wolff 1963 tödlich verunglückt und Heinrich 1970 verstorben ist, bleiben die beiden Frauen in herzlicher Freundschaft verbunden, immer mit einer gewissen respektvollen Distanz. Eindrücklich ist Helen die letzte Begegnung mit Hannah in New York in Erinnerung, wo sie sich in einem kleinen französischen Restaurant treffen. Plötzlich legt Hannah beim Essen Messer und Gabel hin, schaut die Freundin ernst an und meint: »›Wenn du und ich einmal tot sind, weiß dann überhaupt noch jemand, was Liebe ist?‹«[45] Helen notiert sich diesen Satz nach dem Zusammensein und denkt darüber nach. Sicher spielt Hannah da nicht nur auf die Liebe zu Heidegger an, wie Helen meint, sondern vielmehr auf die Liebe als Lebensprinzip, als Liebe zu den Freunden und als Liebe zur Welt.

Hermann Broch

Das Ehepaar Arendt-Blücher lernt Hermann Broch im Mai 1946 bei der gemeinsamen Freundin Annemarie Meier-Graefe kennen. Zuerst einmal kehrt

Broch gegenüber der zwanzig Jahre jüngeren Hannah den Charmeur heraus, aber sie stellt gleich klar, dass sie allenfalls als Zeugin seiner zahlreichen Liebschaften zur Verfügung steht, und nun entwickelt sich eine echte Freundschaft zwischen den Schicksalsgefährten, die ein von Literatur und Zeitgeist geprägter Briefwechsel dokumentiert. Hannah und Heinrich sind begeistert von Brochs Roman *Der Tod des Vergil*, der im Juni 1945 gleichzeitig auf Deutsch und Englisch bei Pantheon Books in New York erschienen ist. In ihrer Buchrezension »Nicht mehr und noch nicht«[46] verdeutlicht Hannah ihre Geistesverwandtschaft. Der Roman stelle ein Bindeglied zwischen einer endgültig verlorenen Vergangenheit und einer noch bevorstehenden Zukunft her, und sein eigentliches Thema sei die Rolle des Künstlers in der Welt und in der Zeit. Sie bewundert, wie der Autor hier Dichtung und Erkenntnis verbindet, und lobt das Buch als »die größte dichterische Leistung der Zeit« seit Kafkas Tod. Ihrer Meinung nach gehört Hermann Broch neben Marcel Proust und James Joyce zu den maßgeblichen Schriftstellern des 20. Jahrhunderts.[47] Ebenso begeistert ist Heinrich und dankt dem Autor in überbordendem Stil: »Ihr *Tod des Vergil* ist ein Wunderwerk und ein Werkwunder.«[48] Das Buch werde zu den Büchern seiner Bibliothek gehören, die er auch in extremen Lebenssituationen lesen könne. Hannah und Heinrich haben großes Verständnis für einen Literaten, der – in der Gestalt des Dichters Vergil – in der zerfallenden Welt nicht mehr an die Kunst glaubt und sich in die Suche nach Erkenntnis flüchtet. Hier treffen sich die gemeinsamen Fragen nach dem, was wirklich wichtig ist: Ist es die Kunst oder ist es die Erkenntnis oder auch die freundschaftliche Hinwendung zum anderen? Gemeinsam ringen sie darum, wie viel Präzision im Erzählerischen verloren gehen kann und wie pragmatisch das Denken sein darf, wenn es um Menschenrecht und Menschenwürde, also um politische Begriffe und letztlich um politisches Handeln geht. Ganz konkret sieht die gegenseitige Unterstützung aus. Broch ist von Hannahs Rahel-Varnhagen-Biografie äußerst angetan und meint, sie müsse dieses kenntnisreiche und originelle Werk unbedingt veröffentlichen[49], während Hannah und Heinrich den Freund drängen, sich allen Zweifeln zum Trotz weiterhin der Literatur zu widmen. Aus der anfangs primär auf Literatur bezogenen Begegnung wird eine vertraute Freundschaftsbeziehung.

Broch stammt aus einer wohlhabenden jüdischen Familie in Wien, ist 1909 zum Katholizismus konvertiert, was später nicht verhindert, dass er beim Einmarsch der deutschen Truppen in Wien im Rahmen des »Anschlusses« verhaftet wird. Mit Hilfe von James Joyce und anderen Autoren kann er nach London emigrieren, danach unterstützen Thomas Mann und Albert Einstein ihn bei der Emigration in die USA. Am 9. Oktober 1938 kommt er in New York an, ausgestattet mit einem Guggenheim-Stipendium, das ihm für die nächsten drei Jahre die Freiheit gibt, zu schreiben und seine Arbeit am Thema Massenpsychologie fortzusetzen. Erste Ergebnisse legt er Hannah Arendt vor, die ihm im Gegenzug Passagen aus *Elemente und Ursprünge des Totalitarismus* anvertraut. Bei dem aus Deutschland emigrierten Ehepaar von Kahler – Erich von Kahler lehrt zu dem Zeitpunkt Deutsche Literatur an der Cornell University, an der New School und in Princeton und schart in seinem Hause jüdische intellektuelle Immigranten um sich, den sogenannten Kahler-Kreis – findet Broch für die ersten Jahre Unterkunft in Princeton und fährt von dort gern nach New York, wo er gelegentlich bei Hannah und Heinrich logiert oder sich mit ihnen zum Lunch oder Dinner trifft. Heinrich besucht ihn auch gern in Princeton, manchmal zusammen mit Hannah. Einmal sendet Broch ihnen einen Brief, in den er ein Gedicht einfügt: »Heitern Greises Nacht-Terzinen«, das mit der Zeile schließt: »Und immer irgendfern ein Nachbarhaus.« Eine geistige Nachbarschaft verbindet diese drei intellektuellen Europäer in der neuen Heimat. Der Dichter kommentiert: »Bitte betrachten Sie sich als Nachbarhaus, und bitte haben Sie Freitag Zeit.«[50]

Im Mai 1949 zieht Broch zusammen mit seiner Ehefrau Annemarie Meier-Graefe nach New Haven, Connecticut, zuerst als Fellow des Saybrook College an der Yale University, dann ab Juli 1950 als Lektor des German Department. Am Neujahrstag 1951 verfasst Broch ein humorvolles Gedicht für seine Freunde Hannah und Monsieur und fügt es als Widmung seinem kurz zuvor erschienenen Roman *Die Schuldlosen* bei, den er eher widerwillig auf Drängen seines Verlegers hin geschrieben hat. Für ihn sind die beiden – genau wie er selber – »Menschen äußerst schlichten Kindersinnes«, für die Geschichten unverzichtbar sind. Auch wenn sie verschiedene Prioritäten setzen, indem Broch der Erkenntnis und Hannah und Heinrich der Dichtkunst den Vorrang geben, bleiben sie Freunde, die füreinander Verständnis und Nachsicht haben, wenn Selbstzweifel an der geistigen Arbeit nagen.[51] Im Hinblick auf die Politik sind sie ganz verschiedener Meinung: Für Broch ist die Arena der Politik eine geschäftige Maschinerie, während Hannah überzeugt davon ist, dass Freiheit und der Sinn menschlichen Handelns sich erst eigentlich im politischen Raum realisieren. Diese grundsätzliche Differenz trübt jedoch die Freundschaft nicht, zudem Hannah in Broch, ähnlich wie in Heinrich, einen klugen, unabhängigen und gütigen Menschen sieht. Beide schätzen Broch in seiner absoluten Menschlichkeit und in seinem hohen Ethos[52] und fühlen sich diesem Freund geistesverwandt, weil er selbstverständlich einspringt, wenn jemand seine Hilfe braucht, der sich ebenso selbstverständlich dem Erkennen zuwendet und die Dichtung vernachlässigt, weil ihm die Erkenntnis den Vorrang zu haben scheint. Broch wiederum weiß, wie sehr sie sein Werk bewundern und verstehen, während ihn seine Frau enttäuscht, da sie in seinen Augen weder sein Schreiben noch sein Leben versteht. Annemarie Meier-Graefe hält sich gerade in Frankreich auf, als Broch am 30. Mai 1951 an einem Herzinfarkt verstirbt. Für Hannah kommt dieser Tod unerwartet, obgleich der Freund wiederholt seine Sorgen über das Älterwerden und seine nachlassenden physischen und psychischen Kräfte mit ihr geteilt hat. Als sie noch am selben Tag die Todesnachricht erhält, schickt sie umgehend ein Telegramm an Brochs Frau, die am Folgetag zurück in die USA fliegt, um die Beisetzung vorzubereiten und sich um den Nachlass zu kümmern. Hannah steht ihr wochenlang bei der Ordnung des Broch-Archivs in der Beinecke Library der Yale University bei. Als Freundschaftsdienst gibt sie posthum Brochs zweibändige Essay-Ausgabe *Dichten und Erkennen* heraus und schreibt dazu ein Vorwort. Sie schätzt Broch in erster Linie als Literaten, und doch gelingt es ihr, seinen Lebenskonflikt zwischen Dichten, Erkennen und Handeln in seinen Essays und seinem Romanwerk darzustellen. Die geistige Nähe zu dem »Dichter wider Willen«, der sich von der Literatur entfernt und der philosophischen Sinnsuche zuwendet, der vom Mythos zum Logos gelangt, klingt auch in dieser späten Würdigung an.

Randall Jarrell

Der Dichter Randall Jarrell setzt Hannah und Heinrich ein literarisches Denkmal, indem er sich von ihnen zu den Protagonisten seines ersten Romans inspirieren lässt: *Pictures from an Institution* (1954), in der *New York Times* als sprachliches Feuerwerk gepriesen. Ihre Freundschaft besteht seit 1947 und wird durch Begegnungen und Briefe gepflegt. Jarrell schickt Hannah Gedichte und Gedichtübersetzungen, ihr gefällt alles, was er schreibt, solange es nicht die Übersetzung eines allzu bekannten Gedichts wie Heinrich Heines *Lorelei* ist. Vor allem imponiert ihr seine Liebe zu seiner Muttersprache, aber auch zum Deutschen. Ähnlich wie Hannah fühlt er sich in der deutschen Sprache und Literatur mit all den dazugehörigen Assoziationen beheimatet, wie er in einem Gedicht mit dem deutschen Titel »Deutsch durch Freud« sagt: »Ich glaube – ganz bestimmt, ich glaube wirklich: Das Land, das mir am besten von allen gefällt, ist deutsch.«[53] Dass er 1952 in zweiter Ehe die deutschstämmige Mary von Schrader heiratet, die er auf einer Schriftstellerkonferenz in Colorado kennengelernt hat, mag mit dieser Sympathie zum Deutschen zu tun haben. Während er an der University of North Carolina Englische Literatur und Kreatives Schreiben lehrt, kommt er regelmäßig nach New York; dort besucht er Hannah und Heinrich zu Hause oder trifft sich mit ihr zum Lunch, um die Briefgespräche fortzusetzen. Er fühlt sich wohl mit ihnen, nicht zuletzt weil sie miteinander Deutsch sprechen. Während seiner Gastprofessur 1951/52 in Princeton lädt Jarrell die beiden gern dorthin zu Waldspaziergängen ein.

Hannah schickt ihm ein Exemplar von *Origins of Totalitarianism,* und er ist sofort von dem poetischen Gestus begeistert. Die letzten Kapitel des Buches klingen für ihn wie ein unerträglich erschütterndes Gedicht, und ihre klare Argumentation beeindruckt ihn. Er meint, dieses Lebenswerk müsse sie berühmt oder mindestens ziemlich berühmt machen. Als Postskript fügt er handschriftlich sein Gedicht »Ein Krieg« bei. In Umkehrung des Sprichworts »Du kannst kein Omelett machen, ohne Eier zu zerschlagen«, heißt es in dem Gedicht, »Du kannst keine Eier zerschlagen, ohne ein Omelett zu machen – / So erzählen sie es den Eiern.« Dramatisch und bitter klingen die Kriegsgedichte, in denen er die Ängste und moralischen Konflikte der jungen Soldaten und seine Erinnerungen als Flugbeobachter der Air Force im Zweiten Weltkrieg dokumentiert.

Die »Wochenenden für amerikanische Dichtung« mit den Blüchers beflügeln ihn zum Schreiben. Hannah zieht sich bei diesen Wortgefechten, die sich zumeist um die Lyrik drehen, gern in die Küche zurück, um das Dinner zu bereiten, während die beiden Herren sich in ihrer Begeisterung überbieten. »Die Stimmen der beiden überschlugen sich fast, als sie versuchten, einander auszustechen und besonders zu übertrumpfen – wer fand größeren Genuss an *Kim*, wer war der größere Dichter, Yeats oder Rilke? (Randall stimmte natürlich für Rilke und mein Mann für Yeats), und so weiter, stundenlang.«[54]

Der bereits genannte College-Roman geht auf Jarrells Erfahrungen als Hochschullehrer, aber zweifellos auch auf seine Gespräche mit Heinrich zurück. Hannah und Heinrich haben hinreichend Sinn für Humor, um ihn mit Vergnügen zu lesen. Da Jarrell persönliche Eitelkeiten und Intrigen überzeichnet, erstaunt es ihn, wie Heinrich in diesen Übertreibungen seine Wirklichkeit am Bard College wiedererkennt. Nicht nur im Roman, sondern auch in der gelebten Wirklichkeit verwandelt sich die Welt unter seinem poetischen Blick, und sobald er die Wohnung der Blüchers betritt, verzaubert sich alles.

Die russische Sängerin Irene Rosenbaum und ihren Mann, den Wiener Komponisten Herrn Dr. Rosenbaum, will der Autor frei erfunden haben, sie seien als Individuen ihnen, den Blüchers, gar nicht ähnlich, aber ohne seine Freunde hätte er sie kaum so gestalten können. »Ich glaube, ich habe sie Euch in manchen kleinen Details und in einigen sehr großen Dingen nachgebildet.«[55] Die gemeinsame Freundin Mary McCarthy, der zusammen mit Hannah das Buch gewidmet ist, mag ihn zu der Gestalt der Gertrude Johnson, einer Schriftstellerin mit Witz und spitzer Feder, inspiriert haben, selbst wenn Jarrell behauptet, sie sei sein Alter Ego. Sie »hatte weder Respekt noch Interesse an jemandem, der kein Schriftsteller war. Für sie gab es Schriftsteller und Menschen; und die Schriftsteller waren die richtigen Menschen ...«[56] Gertrude sieht die Welt um sich ausschließlich im Hinblick auf ihr Schreiben. An späterer Stelle porträtiert der Erzähler Hannah und Heinrich als Ehepaar Rosenbaum: »Als ich sie kennenlernte, bemerkte ich, dass er kaum etwas tat, um sie zu besänftigen, zu beschwichtigen oder sie daran zu hindern, sich Sorgen zu machen oder sich aufzuregen, und so entschied ich, dass sie der Herr im Hause war, aber nach einer Weile stellte ich fest, dass sie sich ihm gegenüber ebenso verhielt: Sie waren eine Doppelmonarchie.«[57] Dr. Rosenbaum spricht mit dem deutlichen Akzent eines Immigranten, über sie erfahren wir, dass sie gesellschaftlich nach unten geheiratet hat. Gottfried Rosenbaum ist Komponist und seine Frau Irene Sängerin, so dass die Musik von Mahler, Mozart, Schubert, Schumann und Strauss eine wichtige Rolle in ihrem Hause spielt, ansonsten herrschen sie in ihrem Reich der Bücher aus aller Welt und zitieren gern Rilke oder Goethe. Die Protagonistin meint, in den Vereinigten Staaten könne man sich frei fühlen, in ihren sonstigen, eher gleichgültigen oder klischeehaften Meinungen und Einstellungen unterscheidet sie sich allerdings deutlich von Hannah. Mit Gästen wird gelacht, gestritten, gezweifelt, ganz wie an den literarischen Abenden bei den Blüchers. Liest man den Roman, meint man, in die kultivierte europäische Welt von Hannah und Heinrich einzutauchen. Manchmal gewinnt man den Eindruck, dass sich hinter der schönen Fassade im Inneren ein anderer Teil verbirgt, der nur ab und zu schmerzlich hervorblitzt: »Besuche bei Freunden sind manchmal wie *Zwieback* oder *frijoles refritos* oder zweimal erzählte Geschichten: Die Freunde sind immer noch dieselben, nichts Neues, man fühlt sich bestätigt und geht ein wenig gelangweilt nach Hause, die Lebensgrundlage ist wiederhergestellt. Die Besuche bei den Rosenbaums waren nicht so.«[58] Auch bei Hannah und Heinrich ist es nicht gemütlich oder behaglich, die Lebensgrundlage entgleitet immer wieder, wenn die Freunde miteinander im geistigen Raum zwischen Europa und der Neuen Welt Ideen und Argumente austauschen.

KAPITEL 9

Die Veränderer – »*Die Freiheit, sich an den öffentlichen Angelegenheiten zu beteiligen*«

Die vermutlich größte Herausforderung für das Ehepaar Arendt-Blücher entsteht durch ihre Berichterstattung über den Eichmann-Prozess und den dadurch entfachten Sturm der Kontroversen, der tatsächlich bis zum heutigen Tag nicht zur Ruhe gekommen ist. Beispielsweise publiziert die *New York Times* am 4. Juli 2022, dem amerikanischen Nationalfeiertag, eine Besprechung einer dreiteiligen israelischen Dokumentarserie über den Eichmann-Prozess, die wiederum Arendts kontroverse Berichterstattung in Erinnerung bringt.

Den Sommer 1960 genießen Hannah und Heinrich wieder in den Catskills, diesmal etwas höher in den Bergen in einer Schweizer Pension, in der Schwyzerdütsch oder auch Französisch gesprochen wird. Wie gewöhnlich arbeitet sie morgens am Schreibtisch, nachmittags gehen sie mit ihren Freunden zum Schwimmen in den Bergseen, abends treffen sie sich zum Schachspielen oder zu Drinks und Billardspiel in einer Bar. Das Wetter hier im Staat New York ist erträglicher als in der Stadt, der kleine Ort Haines Falls mit der Bergkulisse lädt zum Erholen ein. Doch in diesem Jahr ist alles überschattet von einem beherrschenden Thema: Am 23. Mai 1960 eröffnet der Staat Israel ein Strafverfahren gegen den ehemaligen SS-Obersturmbannführer Adolf Eichmann, den wenige Tage zuvor ein israelisches Geheimkommando in Argentinien entführt hat. Dorthin hatte er sich 1950 abgesetzt, um mit Frau und Kindern am Stadtrand von Buenos Aires ein neues Leben aufzubauen. Nun erregt dieser Mann weltweit Aufsehen, weil man ihn für den Verantwortlichen der sogenannten »Endlösung« der Judenfrage hält. In Israel soll ihm der Prozess gemacht werden, einem Staat, in dem bis zu diesem Zeitpunkt wenig über den Holocaust gesprochen wurde. Hannah bietet sich William Shawn, dem Herausgeber des *New Yorker*, als Berichterstatterin an, denn sie sieht darin eine Möglichkeit, die Hintergründe und Fakten des Holocaust besser zu verstehen und im Interesse der Gerechtigkeit tätig zu werden. Zudem fühlt sie sich als Jüdin dazu verpflichtet, zumal sie an den Nürnberger Prozessen nicht teilgenommen hat. Shawn erteilt der prominenten Autorin gern den Auftrag. Wegen der zahlreichen Zeitzeugen und des sich anhäufenden dokumentarischen Beweismaterials wird aus einem vorgesehenen Artikel eine fünfteilige Serie von Essays, die vom 16. Februar bis zum 16. März 1963 wöchentlich im *New Yorker* erscheinen. Die Texte arbeitet sie zu dem Buch *Eichmann in Jerusalem* aus, das im selben Jahr in den USA und 1964 in Deutschland publiziert wird. Zunächst räumt sie ihren stets engen Terminkalender frei, um an dem Prozess in Jerusalem teilnehmen zu können. Dass dieser Auftrag schließlich nicht nur ihre Einstellung zur Vergangenheit, sondern auch ihrer beider gegenwärtiges Leben in New York verändern wird, ahnt sie nicht.

Der Prozess gegen Adolf Eichmann wird am 11. April 1961 in Jerusalem eröffnet und zieht sich hin, bis am 11. Dezember das Urteil verkündet und Ende Mai 1962 das Todesurteil durch die Berufungskammer bestätigt wird. In Heinrich hat Hannah einen Mitarbeiter, der die amerikanischen Presseberichte verfolgt, Karl Jaspers wird sich um die deutschsprachigen Medienberichte kümmern, und Kurt Blumenfeld ist für Israel zuständig. Zwei Tage vor Prozessbeginn kommt Hannah in Tel Aviv an, die angenehme Reise mit Zwischenaufenthalt im frühlingshaften Paris mit Kastanienblüte und den Flug über die Alpen genießt sie, ehe sie sich der konflikthaften Aufgabe widmet. Ihr wichtigster Gesprächspartner ist Heinrich, dem sie in vollkommener Offenheit über ihre Eindrücke schreibt. Sie meint, der Prozess werde eine historische Bestandsaufnahme sein, eine Ansicht, die Heinrich teilt.[1] Ebendeshalb stärkt er seiner Frau den Rücken, deren Leben und Denken in den folgenden Monaten und Jahren von dem Prozess bestimmt wird.

Sie beschreibt ihm, wie gespenstisch der Angeklagte im Gerichtssaal wirkt, in seinem Glaskasten sitzend und doch um Haltung ringend. Der Staatsanwalt, ein galizischer Jude, redet hinter seinen Bergen von Büchern und Zeitschriften ohne Punkt und Komma, verheddert und wiederholt sich und wirkt nicht sonderlich begabt, zumindest im Vergleich zum Verteidiger, den Hannah zudem für korrupt hält. Schließlich die Richter, »bestes deutsches Judentum«[2], wie sie Karl Jaspers mitteilt. Den vorsitzenden Richter, »der ganz und gar großartig ist – mit Ironie und Sarkasmus in langmütiger Freundlichkeit«[3], möchte sie gern kennenlernen. Auch die Atmosphäre entgeht ihr nicht: Ein von schwer bewaffneten Polizisten gesichertes Gerichtsgebäude, vor dem Gerichtshof lungernde Judenkinder, Deutsche, die sich unerträglich philosemitisch geben, leutselige Unternehmer und übertriebene Preise für das Alltägliche charakterisieren das aufgeregte Umfeld und eine künstlich angeheizte Öffentlichkeit – so Hannah an Karl Jaspers.[4] Die ganze israelische Gesellschaft verfolgt im Radio das nationale Erlebnis.[5] Hannah spielt erst einmal herunter, was hier verhandelt wird – angesichts des eskalierenden Kalten Kriegs durchaus verständlich. Noch erregt die endlose Kontroverse um ihren Prozessbericht nicht die Gemüter, noch prallt ihr kein Widerstand entgegen.

Fast zwei Jahre arbeitet sich Arendt durch ihre eigenen Aufzeichnungen und durch die Berge von Zeitungs- und Fernsehbeiträgen über den Prozess, um den aus ihrer Sicht mangelhaften Berichten etwas Nennenswertes entgegenzustellen. Sie liest Verhör- und Gerichtsprotokolle und studiert weitere Quellen, um möglichst viele Fakten einbeziehen zu können. Dabei entgeht ihr nicht, dass der Prozess zu einer Auseinandersetzung zwischen Juden und Nicht-Juden geworden ist. Ihre Freundin Mary McCarthy bestätigt dies später, wenn sie meint, als Nicht-Jüdin könne sie die Kontroverse nicht verstehen, und auch ihre nichtjüdischen Freunde und Verwandten seien nicht bereit, offen über den Prozess zu sprechen.[6] Insofern bringen der Prozess und die Berichterstattung die von Hannah intendierte offene Auseinandersetzung nicht in Gang.

Zwei Themen stehen im Mittelpunkt der Gerichtsreportage: die Juden und ihre Einstellung zum Holocaust einerseits und der Angeklagte Eichmann und dessen Verbrechen andererseits. Der Täter mit seiner persönlichen Geschichte wirkt erschreckend normal, ein Kleinbürger, den die psychiatrischen Gutachter für unauffällig halten, selbst wenn er für das größte Verbrechen des 20. Jahrhunderts zur Verantwortung gezogen wird. Ein mittelmäßiger Bürokrat, dem es – so Arendt – derart an Vorstellungsvermögen mangelte, dass er nicht die Perspektive der Betroffenen einnehmen konnte und die Katastrophe nicht vorhersehen wollte. Offenbar soll der Welt mit dem an ein Schauspiel erinnernden Prozedere im Gerichtssaal eine Lektion erteilt werden. Nach ihrem Eindruck geht es bei dem Prozess allerdings nicht darum, das Interesse der Öffentlichkeit an grundsätzlicheren Fragen zu den Untaten an den Juden zu befriedigen, sondern darum, Gericht zu halten über diesen Einzelnen, dessen »Realitätsferne und Gedankenlosigkeit«[7] zu unvorstellbaren Gräueln geführt haben. Zugleich berücksichtigt sie die aktuellen politischen Zusammenhänge, beispielsweise die durch den Prozess angestoßene Verhaftung von Mitgliedern des Eichmann-Kommandos. Sie lässt auch nicht unbemerkt, dass der deutsche Bundeskanzler, Dr. Konrad Adenauer, bemüht ist, eine Welle von antideutschen Emotionen zu verhindern, und nun in Deutschland aus ebensolchen Motiven eifrig die Strafverfolgung von Naziverbrechern betrieben wird. In ihren Briefen an Heinrich wird der ironische Ton ihres Berichts geradezu sarkastisch, wenn sie beispielsweise »das Gespenst in der Glaskiste« und dessen Selbstüberschätzung und übergroßes Bedürfnis nach Anerkennung beschreibt: »Dass er sich selbst sehr gerne *öffentlich* erhängen möchte, hast Du vermutlich gelesen. Mir blieb die Spucke weg. Das Ganze stinknormal und unbeschreiblich minderwertig und widerwärtig. Verstehen tue ich es noch nicht, aber mir ist, als ob der Groschen irgendwann einmal fallen wird, nämlich bei mir.«[8] Heinrich ist überzeugt, dass der Prozess ein Zeichen setzt, und wünscht sich als Konsequenz die Absetzung hoher Regierungsbeamter in Deutschland.[9] Er kann nachvollziehen, wie unfassbar dieses »Oberflächenphänomen« des Bösen ist und wie der sich hinziehende Prozess Hannah deprimiert und strapaziert.

Der so vehement umstrittene Terminus von der »Banalität des Bösen« taucht in Arendts Bericht lediglich einmal auf, und zwar als abschließender Satz vor dem Epilog: »In diesen letzten Minuten war es, als zöge Eichmann selbst das Fazit der langen Lektion in Sachen menschlicher Verruchtheit, der wir beigewohnt hatten – das Fazit von der furchtbaren Banalität des Bösen, vor der das Wort versagt und an der das Denken scheitert.«[10] Das Resümee bezieht sich wesentlich auf Eichmanns letzte Worte vor seiner Erhängung. In der Vorrede zu ihrem Bericht erläutert die Autorin, dass sie sich mit dieser Terminologie nicht auf den Täter, sondern vielmehr auf seine Taten bezieht. Er sei erschreckend durchschnittlich, verfangen in Klischees und in den Anweisungen des Naziregimes, ein banaler Bürokrat, der nicht darüber nachdachte, dass der Transport in die Lager zur Vernichtung der Menschen führen musste, und der ehrgeizig und beflissen darauf bedacht gewesen sei, sein Werk zu vollenden und damit sein berufliches Fortkommen zu betreiben. Im Epilog betont Hannah Arendt, dass es nur um die Taten und nicht etwa um innere oder äußere Motive gehen könne und Eichmann somit schuldig sei.[11]

Ein zweiter Aspekt des Berichts betrifft die Mitwirkung jüdischer Führungsgruppen und der Judenräte an der Durchführung des Massenmordes, die aus Sicht der Berichterstatterin verschleiert werden soll. Die Judenräte wurden von Eichmann und seinen Leuten informiert, wie viele Juden für die jeweiligen Deportationszüge vorgesehen waren, und sie stellten dann die Namenslisten für die Abtransporte auf. Nach Eichmanns Meinung klappte alles reibungslos und zu seiner Zufriedenheit: Die Juden ließen sich registrieren, füllten Formulare aus, gaben in Fragebögen bereitwillig über ihre Besitztümer Auskunft und trafen pünktlich an den Sammelstellen ein.[12] Hinzu kam, dass die Bereitschaft der deutschen Juden, nach der Machtergreifung mit den Nazibehörden zu verhandeln, es erschwerte, Freunde von Feinden zu unterscheiden. Auch die von den Nationalsozialisten eingesetzten Judenräte ließen sich instrumentalisieren. Selbst wenn diese indirekte Kooperation am Holocaust während des Prozesses nicht in ihrer ganzen Komplexität untersucht wird, verleiht Arendt Mittäterschaft und Machtlosigkeit immerhin so viel Aufmerksamkeit, dass sich gerade daran der Zorn entzündet. Wären die jüdischen Gemeinden rebellisch gewesen, wären, so Arendts Überlegung, nicht viereinhalb bis sechs Millionen Menschen hingerichtet worden.[13] Doch wer könne wissen, wie viele Juden umgebracht worden wären, wenn die Judenräte sich anders verhalten hätten. Arendt hebt hervor, wie das Gericht die Juden in erster Linie als Opfer darstellt, statt auch den jüdischen Widerstand zu berücksichtigen: »Denn die Größe des Aufstandes im Warschauer Getto und das Heldentum der wenigen, die kämpfend in den Tod gingen, besteht darin, daß sie einen verhältnismäßig leichten Tod ausschlugen, den Tod vor dem Erschießungskommando oder in der Gaskammer, den ihnen die Nazis offerierten.«[14] Inwieweit Heinrich hier als ihr Gesprächspartner zur Verfügung steht, ist nicht ganz klar. In einem Brief an Jaspers bemerkt sie – wohlgemerkt im Scherz –, Heinrichs Meinung vom jüdischen Volk sei nicht immer so, wie man es sich wünschen sollte.[15] Inwiefern Blücher tatsächlich Ressentiments gegen Juden hatte, wissen wir nicht, aber zumindest beweisen seine Ehe mit der Jüdin Natascha Jefroykin und die Freundschaft mit Robert Gilbert das Gegenteil. Tatsächlich ist sie es ja, der von jüdischer Seite eine schlechte Meinung von ihrem eigenen Volk vorgehalten wird. Sie beschmutze das eigene Nest und suggeriere eine Mitschuld der Judenräte – so wenn sie beispielsweise resümiert: »Diese Rolle der jüdischen Führer bei der Zerstörung ihres eigenen Volkes ist für Juden zweifellos das dunkelste Kapitel in der ganzen dunklen Geschichte.«[16] Als politische Theoretikerin muss sie darauf beharren, dass – aus ihrer Sicht – bei dem Prozess eigentlich nicht nur die Vergehen an den Juden, sondern ein Delikt an der Menschheit hätte verhandelt werden sollen.[17]

Als die Kontroverse um Arendts Eichmann-Bericht im *New Yorker* losbricht, hält sie sich gerade in Europa auf. Indessen bemüht sich Heinrich in der New Yorker Wohnung, Anrufe, Protestbriefe und Medienreaktionen an sich abprallen zu lassen. »Sei froh, dass Du weg bist.«[18] Sie meint aus der Entfernung gelassen, die Empörung bei den Deutschen und bei den deutschen Juden sei ein Sturm im Wasserglas.[19] Doch weit gefehlt. Als sie nach Hause kommt, findet sie in der Wohnung stapelweise ungeöffnete Post vor, das meiste mit Bezug auf den Eichmann-Bericht. Tatsächlich erklärt ihr Siegfried Moses, ehemals Finanzkontrolleur des Staates Israel und ein Freund von Kurt Blumenfeld, im Namen des Judenrates für Deutschland den »Krieg«. Er fliegt aus Israel in die Schweiz, um Arendt zu bitten, die Veröffentlichung des Buches zu stoppen – was sie ablehnt. Die von B'nai B'rith gegründete Anti-Diffamierungs-Liga[20] hat ein Memorandum an ihre Ortsbüros und Komitees verschickt, das über die Prozessberichterstattung im *New Yorker* informiert und vor der diffamierenden Auffassung der Autorin von der »jüdischen Beteiligung am Nazi-Holocaust« warnt.[21] Die jüdischen Intellektuellen exkommunizieren die Autorin. Heinrich beobachtet – als ehemaliger Militärexperte – die wohlkoordinierten Angriffe auf seine Frau eher hilflos.

Die scharfen Reaktionen weiten sich aus, zuerst in den USA, vor allem seitens der New Yorker Intellektuellen – »Der bei weitem heftigste Ausbruch, das Epizentrum der Kontroverse über Arendts Buch, fand in New York und seiner Umgebung statt.«[22] –, dann auch in Deutschland und Israel, und so manche Freundschaft von Hannah und Heinrich zerbricht daran. Wesentlich wird die Kontroverse in den Zeitschriften *Partisan Review* und *Commentary* ausgetragen, in denen Hannah Arendt selber veröffentlicht. Eine derart feindselige Auseinandersetzung, die sie im akademischen Bereich und unter jüdischen Intellektuellen in Verruf bringen würde, hat sie nicht vorhergesehen, vielmehr beobachtet sie eine politische Kampagne von amerikanisch-jüdischer und israelischer Seite[23], auch wenn sie sich mit dem scharfen, ironischen Ton des Berichts angreifbar gemacht hat. Die Kritik an ihrem Stil steht jeweils in Verbindung mit dem Vorwurf, sie habe kein Mitgefühl für das Schicksal des jüdischen Volkes und porträtiere Eichmann als einen banalen Täter, während ihr Tonfall wohl viel eher aus der Wut darüber resultiert, dass während des Prozesses die »Totalität des moralischen Zusammenbruchs«[24] verschleiert wurde. Insbesondere empört man sich über ihre angebliche Arroganz, während sie im Rahmen ihrer Berichterstattung zu urteilen versucht, obgleich für das unvergleichbare Vergehen die Kategorien des Urteilens ebenso fehlen wie eine angemessene Gesetzgebung. Gershom Scholem meldet sich entrüstet aus Israel und wirft ihr einen herzlosen, ja hämischen Ton vor, den er gleich mit den »deutschen Linken« in Verbindung bringt.[25] Vermutlich vermischt sich hier der Eindruck von Hannahs Ehemann, der aus diesem Milieu stammt, mit Scholems Unmut über Hannah Arendts Blick auf die jüdische Geschichte. Sie entgegnet, dass ihre Intellektualität aus der deutschen Philosophie stamme – und nicht etwa aus einem deutschen linken Milieu.[26]

Arendt kommt zu dem Schluss, dass mit der gezielten Kampagne gegen sie ein Image geschaffen werde, mit dem das eigentliche Buch zugedeckt werde.[27] Wie sie meint, ein »klassischer Fall von Rufmord«, dem gegenüber sie machtlos ist. Man behauptet, sie hätte Dinge geschrieben, die sie nicht geschrieben hat, um zu verschleiern, was sie wirklich geschrieben hat.[28]

Dass ein Buch einen solchen Skandal provoziert, lässt sich nicht leicht erklären. Tatsächlich thematisiert Arendt die etablierten Vorstellungen von der jüngsten Geschichte und rührt somit an ein Stück unbewältigter Vergangenheit der Juden. Zudem geht es ihr ganz grundsätzlich um die gegenwärtige Krise des Urteilens. Hinzu kommt, dass die liberal antikommunistisch eingestellten Intellektuellen in Arendts Buch *Origins of Totalitarianism* Argumente und Vokabular gegen den McCarthyismus gefunden hatten und womöglich von der Ambiguität des Prozessberichts enttäuscht sind. Folglich fühlen sich Journalisten, Professoren und Literaten in den USA, in Deutschland und Israel angegriffen und schlagen zurück. Deutsch-jüdische Kritiker werfen Arendt vor, sie habe die Rolle der deutsch-jüdischen Gemeindeoberhäupter überbetont, während Überlebende behaupten, sie habe das Ausmaß des Widerstands unterschätzt, und jüdische Schriftsteller meinen, sie habe keine Ahnung von der jüdischen Geschichte. Erst Jahrzehnte später wird darüber diskutiert, dass sie auch die Prozessführung und deren politische Interessen sowie die dadurch aufgeworfenen juristischen Fragen analysiert hat.

Noch Jahre nach der Veröffentlichung des Buches reißt die Debatte nicht ab, so dass die unvorhergesehenen Ereignisse die letzten Jahre der Ehe Arendt-Blücher überschatten. Der Lärm um das Buch belastet auch Heinrich. Hannah beobachtet, dass sein schlechter Gesundheitszustand und die deprimierte Stimmung mit der Eichmann-Affäre zusammenhängen. Offenbar ist er wütend auf all jene, die seiner Frau das Leben schwer machen. Jaspers erfährt von dem gemeinsamen Freund Al Copley, »Heinrich habe die Redewendung ›Banalität des Bösen‹ erfunden und mache sich nun Vorwürfe, dass Du ausbaden musst, was er angerichtet hat«.[29] Anders als Hannah hat Heinrich aus seinen politisch engagierten Berliner Jahren eine gewisse Erfahrung mit banalen Mitläufern des Nationalsozialismus, so dass es durchaus denkbar ist, dass der Terminus sich in gemeinsamen Gesprächen ergeben hat. Die Wortwahl impliziert, dass das Böse unter den beispiellosen Bedingungen des nationalsozialistischen Regimes nicht mehr als »radikal« zu verstehen ist, wie es in *Elemente und Ursprünge totaler Herrschaft* im Kontext der Analyse der Konzentrationslager heißt, sondern vielmehr als »banal«. Auch der Freund Gershom Scholem wirft Hannah den Gebrauch dieses »Schlagwortes« vor, worauf sie richtigstellt, sie habe ihre Meinung geändert und komme zu dem Schluss, das Böse sei immer nur extrem, aber niemals radikal, nur das Gute könne radikal sein.[30] Demnach handelt es sich um ein Missverständnis, das ihrem politischen Denken nicht gerecht würde, wenn man den Begriff »Banalität des Bösen« als eine allgemeine Theorie des Bösen verstehen wollte. Andere Kritiker werfen ihr vor, das Konzept entlaste Eichmann und relativiere den Holocaust – eine sicher nicht zutreffende Kritik, wenn man Arendts Terminus angemessen in den Kontext ihrer Ausführungen stellt. Trotz dieser heftigen Ablehnung seitens ihrer Kritiker erweist sich das Konzept von der »Banalität des Bösen« als sinnvoll und bis heute haltbar. Beispielsweise machen in China oppositionelle Intellektuelle davon Gebrauch, um die Politik ihres Regimes zu kritisieren.[31] Auch in der Aufarbeitung der gewaltsamen Anfechtung von Joe Bidens Sieg bei den Präsidentschaftswahlen vom 6. Januar 2020 wird oftmals in diesem Sinne von einem gewaltbereiten Mob gesprochen und geschrieben. Die Vorstellung von der Banalität des Bösen ist insofern relevant, als sie die Dichotomie von Gut und Böse infrage stellt. »Die traurige Wahrheit aber ist, dass die meisten bösen Taten von Menschen getan werden, die sich niemals entschieden, ob sie nun böse oder gut sein wollten.«[32]

Arendts Interesse gilt zum Zeitpunkt der Berichterstattung in erster Linie der moralischen Frage, wie das Böse zu denken ist, das aus einem totalitären Regime entsteht. Offenbar hat die traditionelle Unterscheidung zwischen Gut und Böse keine Gültigkeit mehr, wenn ganz normale Leute durch die raffinierte Maschinerie eines Regimes zu Übeltaten getrieben werden, die vielleicht nicht einmal auf boshafter Absicht beruhen. Sie verharmlost damit keineswegs die Katastrophe des Massenmordes, sondern weist auf die Gefahr eines paradigmatisch neuen Machtapparats hin, der den Einzelnen verführt, gedankenlos an der »Umwertung der Werte« mitzuwirken. Zudem argumentiert sie als politische Theoretikerin, wenn sie die »offenbare Unzulänglichkeit des herrschenden Rechtssystems und der gängigen juristischen Begriffssprache angesichts der Tatbestände des staatlich organisierten Verwaltungsmassenmords«[33] aufzeigt. Traditionelle Normen und juristische Maßstäbe haben als Basis für die Urteilsfindung ausgedient, weshalb es Arendt erst recht darum geht, zu klären, inwieweit es mit dem Prozess gelingt, Recht zu sprechen und für Gerechtigkeit zu sorgen. Sicher hat Arendt ihre Äußerungen in *Eichmann in Jerusalem* nicht als ein ultimatives Urteil in der Geschichtsschreibung über die Verbrechen an den Juden angesehen, aber einen Wendepunkt in der öffentlichen Wahrnehmung und Diskussion hat sie wohl angestrebt – und auch erreicht.

Die Untersuchungen und Dokumente, die Eichmanns Antisemitismus nachweisen, werden erst Jahre und Jahrzehnte später in vollem Umfang einsehbar, selbst wenn schon vor Prozessbeginn Eichmann belastendes Material öffentlich zugänglich war. Tonbandmitschnitte von Interviews, die der ehemalige deutsch-niederländische SS-Mann Willem Sassen mit Adolf Eichmann in Argentinien führte, wurden veröffentlicht, als Sassen die Abschriften nach Eichmanns Entführung an die Zeitschriften *Life Magazin* und *Stern* verkaufte. Arendt und Blücher haben vermutlich die umfangreichen Auszüge aus diesen Dokumenten in den beiden Ausgaben von *Life Magazine* vom 28. November und 5. Dezember 1960 gelesen.[34] Die etwa 700 Seiten Transkripte lagen dem Gericht vor, wurden jedoch im Verfahren nicht berücksichtigt, weil man sie nicht als verlässliches Beweismaterial anerkannte. Vermutlich erwähnt Arendt sie aus diesem Grund nicht in ihrem Bericht. Schon beim Verfassen des Berichts ist Arendt bewusst, dass die Geschichte noch aufgearbeitet werden muss, wenn sie einräumt: »die Kategorien, mit denen dies Beispiellose nun politisch und juristisch erfaßbar ist, sind immer noch gänzlich ungeklärt.«[35] Ihr ist klar, dass sie aufgrund unvollständiger historischer Dokumentation – und wohl auch mangelnder Distanz – Eichmann und die Verbrechen an den Juden nicht komplett verstehen kann. Sie hat nicht an allen Sitzungen des Prozesses teilgenommen, und manche Dokumente kommen erst später ans Licht. Sie mag die Zuverlässigkeit einer populären Zeitschrift wie des *Life Magazine* als historische Quelle angezweifelt haben, aber sie wird zur Kenntnis genommen haben, wie Eichmann trotzig, ja stolz auf seiner Mitwirkung an der Vernichtung von mehr als fünf Millionen Menschen beharrte und nichts bereute.

Dies arbeitet die oben genannte Dokumentarserie, die unter dem Titel *The Devil's Confession: The Lost Eichmann Tapes* (*Das Bekenntnis des Teufels: Die verlorenen Eichmann-Tonbänder*) in Israel ausgestrahlt wurde, auf. Im Jahr 2020 werden die im Bundesarchiv aufbewahrten Originaltonbänder zur Nutzung freigegeben, so dass der israelische Filmemacher Yariv Mozer – ein Nachfahre von Überlebenden des Holocaust – nun implizit auch Arendts Berichterstattung und ihr Konzept von einer »Banalität des Bösen« infrage stellen kann. Hört man die Stimme des ideologischen Nazitäters, der keine Reue empfindet, sondern vielmehr stolz auf seine Taten zurückblickt, kann man ihn nicht mehr für einen gedankenlosen banalen Bürokraten halten. Wie Yariv Mozer zusammenfasst: »Eichmann wollte Anerkennung für das erhalten, was für ihn seine Lebensleistung war, das Töten von so vielen Juden.«[36]

Wie dem auch sei, Arendt hat mit ihrer Berichterstattung eine kontroverse und andauernde Debatte über die Komplexität der Entscheidungs- und Willensbildung unter den Nationalsozialisten angeregt. Auch sechs Jahrzehnte nach der Publikation von *Eichmann in Jerusalem* kommt die Diskussion über den Holocaust nicht an diesem Werk vorbei. Der Terminus Holocaust wird in ebender Zeit gebräuchlich, als sie sich mit der Prozessberichterstattung befasst. Man sucht einen neuen Zugang zum Verständnis des europäischen Judentums, die Fragen nach dem jüdischen und dem deutschen Widerstand werden durch die Kontroverse um ihr Buch brisanter. Auch die ausgedehnten Debatten über den juristischen Status von »Verbrechen gegen die Menschlichkeit« und den Genozid haben hier ihren Ursprung.

Doch zunächst konzentrieren sich die Reaktionen auf eine Kritik am Stil ihres Schreibens und an der These von der »Banalität des Bösen« und nicht auf die Frage nach einer angemessenen Beurteilung der Verbrechen des Angeklagten und der Art des Verhandelns darüber. In den folgenden Jahrzehnten wird zunehmend klar, dass Eichmann keineswegs nur der gedankenlose Schreibtischtäter war, der die Folgen seines Handelns nicht bedachte. Vielmehr verschrieb er sich der nationalsozialistischen Ideologie und betrieb mit Eifer die Vernichtung der europäischen Juden. Mit ihrer Einschätzung des Massenmörders unterschätzt sie demnach seine fanatische Überzeugung. Noch als klar war, dass die Deutschen den Krieg verlieren würden, »spielte Eichmann eine aktive Rolle dabei, 400 000 ungarische Juden in den Tod zu schicken«.[37] Doch ganz gleich, welche innere Intention dahintergestanden haben mag, Arendt lässt keinen Zweifel daran, dass Eichmann durch seine Taten schuldig wurde und für die Verbrechen verantwortlich ist.

Als ein halbes Jahrhundert nach Arendts Prozessbericht Margarethe von Trottas Film *Hannah Arendt* herauskommt, klingt die Diskussion um die Angemessenheit des Begriffs »Banalität des Bösen« wiederum anders, da man sich inzwischen auf eine umfassendere Dokumentation berufen kann. Wie Roger Berkowitz aus diesem Anlass in der *New York Times* ausführt, herrscht dahingehend Übereinstimmung, dass Arendt mit der »Banalität des Bösen« ein wichtiges moralphilosophisches Konzept vorlegt, sich aber bei dem fanatischen, ehrgeizigen Eichmann irrt, der eben kein Beispiel für dieses Konzept sei. Die Selbstverständlichkeit, mit der Menschen sich gedankenlos einer Bewegung anschließen, ohne die Konsequenzen zu bedenken oder gar sich verantwortlich zu fühlen, war ihre bis heute relevante Erkenntnis. Wie Berkowitz schreibt: »Es ist leicht, die ›Banalität des Bösen‹ zu zitieren. Es ist wesentlich schwieriger, wirklich zu verstehen, was Hannah Arendt eigentlich meint.«[38] Die Maßstäbe über das, was gut und was böse sei, seien unter dem Einfluss des Regimes verloren gegangen und durch vorgefertigte oder vorgeschriebene Redens- und Verhaltensweisen und Einstellungen ersetzt worden. Das Normale oder auch Banale habe den Effekt, das, was nicht hätte geschehen dürfen, zu verschleiern. »Arendts paradoxe Einsicht besteht darin, dass Normalität der wirksamste Schutz vor der Realität des Ungeheuerlichen war.«[39] Diese unheilvolle Verkettung, die Hannah Arendt später in ihrer Vorlesung zu Fragen der Ethik und zu Kant in einem philosophischen Kontext thematisiert, mag an Blüchers »Perpetuum Mobile« erinnern, welches seine Metapher für den Leerlauf der nationalsozialistischen Maschinerie war, die sich in der Vernichtung von Werten und Menschen verselbständigte.

So bleibt im Rückblick auf die gemeinsame Geschichte von Hannah Arendt und Heinrich Blücher und auf die essenziellen Fragen, die sie beide immer wieder aufwerfen, das Problem, was von Dauer sein kann, wenn die Tradition der zivilisierten Welt und unser Verständnis von Geschichte zusammenbrechen. Wenn wir Arendt folgen, kann und muss es einen absoluten Neubeginn geben. Doch wie sollen Kultur und Bildung aussehen, um angemessen etwas kategorisch Neues zu bieten? Für Hannah Arendt wie für Heinrich Blücher sind es zum einen die Künste, welche die Zeiten überdauern. Sie dienen keinem Zweck, sie werden nicht durch den Lauf der Geschichte abgenutzt. Vielmehr vermitteln Gemälde, Skulpturen, Literatur, Theater und Musik Sinn. Die Kulturschaffenden sind vielstimmig, und sie bereichern die Tradition mit neuen Stimmen oder knüpfen an den Bruchstellen des Tradierten an. Kritisch räumt Arendt in ihrem Essay »Kultur und Politik«[40] ein, dass die moderne Gesellschaft die Kulturdinge für ihre Zwecke nutzt und durch den Markt oder die Massenkultur verwertbar macht. Für die Vergnügungsindustrie wäre der öffentliche Raum nur mehr ein Waren- und Tauschmarkt. Aber so muss es nicht sein, denn Kunstwerke sind »Gedankendinge«, die in der Öffentlichkeit zur Geltung kommen. Immer wieder berufen sich Künstler auf Konzepte oder Zitate von Arendt, so wie umgekehrt Arendt und Blücher sich regelmäßig über die Künste austauschten und verständigten. »Nur von den Dichtern erwarten wir Wahrheit«, hatte Hannah Arendt geschrieben. Die Künste sind es, die einen öffentlichen Raum brauchen und schaffen, Konzertsaal, Theater, Museum sind solche Räume, in denen Menschen aus ihrer Privatheit heraus in Begegnung treten.

Zum anderen sind es öffentliche politische Diskurse. Die Herausforderungen der Klimakrise, der Corona-Pandemie und der demokratischen Staatsform zwingen uns, zukunftsweisende Formate zu erproben. Hannah Arendt und Heinrich Blücher gehören zu den Veränderern, die unermüdlich an Neuem beteiligt waren, im Schreiben, in der Lehre, in ihrem weiten Freundeskreis wurde ihr Denken zum Handeln. Heutzutage knüpfen Konferenzen, Vortragsreihen, Seminare, Publikationen an diese oftmals auch kontroversen Gespräche an. Ihre philosophische Lebens- und Denkwerkstatt steht wie ein Leuchtturm da und wirft bei aktuellen Konflikten und Chancen sowie bei der Suche nach Lösungen Licht auf unser Denken. In der Offenheit für andere Sichtweisen, im aktiven Zuhören, im fortgesetzten Versuch zu verstehen bleiben sie richtungsweisend.

Danksagung

Die komplexen Fragen, die sich in der Beschäftigung mit dem Ehepaar Hannah Arendt und Heinrich Blücher ergaben, haben Kollegen und Freunde, Wissenschaftler und Zeitgenossen mit mir weitergedacht. Ihnen allen danke ich von Herzen, mit ihnen zusammen war die Reise in die Welt des philosophischen Paares ertragreich und spannend. Ihnen allen gilt mein großer Dank.

Dem German Department der Yale University bin ich sehr dankbar für die Stelle als Associate Research Scholar, die mir die Nutzung der Yale Library ermöglichte und mich in die akademische Community einbezogen hat.

Besonders danke ich Roger Berkowitz und Thomas Wild, die mich zu einem Vortrag ans Hannah Arendt Center am Bard College einluden und meine Arbeit mit Gesprächen und Korrespondenzen beflügelt haben. Helene Tieger verhalf mir zu Dokumenten der Archive des Bard College. Die Archivarin Jenny Swadesh an der New School in New York gewährte mir Einsicht in sämtliche archivierten Materialien zu Hannah Arendt und Heinrich Blücher.

Leon Botstein, Jack Blum, Gerhard Casper, Robert Kelly, Jerome Kohn, Lois Oppenheim und George Rose danke ich von Herzen dafür, dass sie sich großzügig die Zeit genommen haben, ihre Erinnerungen an Hannah Arendt und Heinrich Blücher mit mir zu teilen. Thomas Meyer hat mir zu Hannah Arendt wertvolle Hinweise gegeben. Ringo Rösener gilt ein spezieller Dank für unermüdliche kompetente Hilfe, wenn es um Heinrich Blücher ging. Helgard Mahrdt war mir trotz der Entfernung zwischen Norwegen und den USA eine geschätzte, mit dem Werk von Hannah Arendt vertraute Gesprächspartnerin.

Ohne meinen Ehemann, Alfred Douglas Stone, wäre das Buch so nicht zustande gekommen. Ich danke ihm innig für seine stetige engagierte Begleitung, für endlose erhellende Gespräche und für seine liebevolle Unterstützung.

Anmerkungen

KAPITEL 1

1 Heinrich Blücher an Hannah Arendt, Paris, 24. November 1936, HA Papers. Alle Zitate aus den Hannah Arendt Papers sind online bei der Library of Congress einzusehen.
2 Hannah Arendt gab die englische Übersetzung von Walter Benjamins *Illuminationen* (1968) heraus und schrieb die Einleitung dazu. Im selben Jahr erschien der Essay »Walter Benjamin« auf Englisch im *New Yorker* und in der deutschen Fassung in der Zeitschrift *Merkur*. In Buchform wurde der Text 1971 in dem Band *Walter Benjamin – Bertolt Brecht. Zwei Essays* publiziert, der die »einzigartige Freundschaft« zwischen diesen beiden Geistesgrößen würdigt. 1989 wurde der Text in die deutsche Ausgabe von Hannah Arendts Porträts *Menschen in finsteren Zeiten* aufgenommen.
3 Hannah Arendt, »Walter Benjamin«, in: dies., *Menschen in finsteren Zeiten*, S. 223.
4 Ebd., S. 224.
5 Ebd.
6 Ebd., S. 225.
7 Hannah Arendt an Heinrich Blücher, Genf, 19. August 1936, AB-Briefe, S. 47.
8 Hannah Arendt an Heinrich Blücher, Genf, 24. August 1936, AB-Briefe, S. 59.

9 Hannah Arendt an Heinrich Blücher, Genf, 18. September 1937, AB-Briefe, S. 83.
10 Heinrich Blücher an Hannah Arendt, Paris, 19. September 1937, AB-Briefe, S. 84.
11 Hannah Arendt an Karl Jaspers, 29. Januar 1946, Arendt-Jaspers Briefe, S. 65.
12 Hannah Arendt an Walter Benjamin, Île de Porquerolles, *Text+Kritik*, S. 58.
13 Walter Benjamin, *Ausgewählte Werke*, Bd. 2, S. 245.
14 Heinrich Blücher an Hannah Arendt, Paris, 21. August 1936, AB-Briefe, S. 54.
15 Hannah Arendt an Heinrich Blücher, Genf, 24. August 1936, AB-Briefe, S. 58.
16 Hannah Arendt, *Vita Activa*, S. 213.
17 Hannah Arendt, *Rahel*, Tagebuchnotiz Rahel Varnhagen, 11. März 1810, S. 281.
18 Hannah Arendt, *Rahel*, S. 18.

KAPITEL 2

1 Fernsehgespräch mit Günter Gaus, in: Hannah Arendt, *Ich will verstehen*, S. 51 f.
2 Entschädigungsamt Berlin, Vorgang 259226. Diese Angabe hat Blücher zwecks seiner Entschädigungsforderungen gemacht.
3 Ringo Rösener, Nachwort in: Heinrich Blücher, *Versuche über den Nationalsozialismus*, S. 123 ff.
4 BstU,MfS HA IX/11 ZR, Nr. 886 A.10 Bl.13
5 Hans-Georg Glaser, *Prag und die Deutsche Emigration*, S. 15 f.
6 Zitiert nach: Hans-Georg Glaser, S. 29.
7 Lisa Fittko, *Mein Weg über die Pyrenäen*, S. 12.
8 Hannah Arendt, *Wir Flüchtlinge*, S. 24.
9 HA Papers.

10 Heinrich Blücher an Hannah Arendt, Colombes, 16. September 1939, AB-Briefe, S. 94.
11 Heinrich Blücher an Hannah Arendt, Villemalard, 18. September 1939, AB-Briefe, S. 95.
12 Heinrich Blücher an Hannah Arendt, Villemalard, 29. September 1939, S. 95 f.
13 Hannah Arendt, *Wir Flüchtlinge*, S. 19.
14 Hannah Arendt an Günther Anders, 23. Mai 1941, Arendt-Anders Briefe, S. 23.
15 Hannah Arendt an Heinrich Blücher, Winchester, MA, 2. August 1941, AB-Briefe, S. 127.
16 Heinrich Blücher an Hannah Arendt, New York, 26. Juli 1941 & 2. August 1941, AB-Briefe, S. 118 & S. 125.
17 Anne C. Schenderlein, *Germany on Their Minds*, S. 55.
18 Hannah Arendt, *Menorah Journal* 31, no. 1 (1943), S. 69-77.
19 Hannah Arendt, *Wir Flüchtlinge*, S. 10f.
20 Ebd., S. 25.
21 Ebd., S. 17.
22 Hannah Arendt, *Elemente und Ursprünge*, S. 613.
23 Beispielsweise Homi K. Bhabha, Professor der Linguistik an der Harvard University, der dazu auffordert, Anderssein gegenseitig anzuerkennen und eine hybride Kultur zu etablieren.
24 Hannah Arendt an Heinrich Blücher, New York, 11. August 1952, AB-Briefe, S. 326.
25 Entschädigungsamt Berlin, Vorgänge 259227 und 259226.
26 Hannah Arendt an Heinrich Blücher, Berlin, 7. Oktober 1959, AB-Briefe, S. 502.
27 BVerfG 2 BvR 493/66. Seither gilt, dass Wiedergutmachungsansprüche erfolgreich durchgesetzt werden können.

28 Claudia Christophersen, »Der lange Weg zur ›Lex Arendt‹«, in: Ausstellungskatalog DHM, S. 185.

KAPITEL 3

1 Fernsehgespräch mit Günter Gaus, in: Hannah Arendt, *Ich will verstehen*, S. 46.
2 Martha Arendt, *Notre enfant*, S. 54.
3 Fernsehgespräch mit Günter Gaus, in: Hannah Arendt, *Ich will verstehen*, S. 52f.
4 Hannah Arendt, »Little Rock. ›Ketzerische Ansichten über die Negerfrage und equality‹« (1959), in: dies., *In der Gegenwart*.
5 Ralph Waldo Ellison im Gespräch mit Kenneth P. Warren, am 25. März 1965 in der Zeitschrift *The Reporter* auszugsweise veröffentlicht, in: Marie Luise Knott, *370 Riverside Drive, 730 Riverside Drive*, S. 128.
6 Hannah Arendt an Ralph Waldo Ellison, 29. Juli 1965, zitiert nach: Marie Luise Knott, *370 Riverside Drive, 730 Riverside Drive*, S. 11.
7 Ausführlich dazu: Marie Luise Knott, *370 Riverside Drive, 730 Riverside Drive* sowie Roger Berkowitz, »Zur Kritik an Hannah Arendts ›Reflections on Little Rock‹«, in: Ausstellungskatalog DHM, S. 137-146.
8 Elisabeth Young-Bruehl, S. 45.
9 Fernsehgespräch mit Günter Gaus, S. 53f.
10 Hannah Arendt, *Rahel*, S. 19.
11 Ebd., S. 20.
12 Ebd., S. 247.
13 Ebd., S. 249.
14 Jana V. Schmidt, S. 34.
15 Heinrich Blücher, Lebenslauf, HA Papers.
16 Ringo Rösener, Nachwort in: Heinrich Blücher, S. 117.

17 Karl Jaspers, Dissertationsgutachten, in: Arendt-Jaspers Briefe, S. 723 f.
18 Hannah Arendt, *Rahel*, S. 250 f.
19 Hannah Arendt an Karl Jaspers, Frankfurt/Main, 24. März 1930, Arendt-Jaspers Briefe, S. 47.
20 Hannah Arendt an Karl Jaspers, Palenville, 7. September 1952, Arendt-Jaspers Briefe, S. 236.
21 Hannah Arendt an Gershom Scholem, New York, 20. Juli 1963, Arendt-Scholem Briefe, S. 438 f.
22 Ebd. S. 440.

KAPITEL 4

1 Heinrich Blücher an Hannah Arendt, New York, 14. Februar 1950, AB-Briefe, S. 212 f.
2 AT 3,3-15a.
3 Hannah Arendt, »Verstehen und Politik«, in: dies., *Zwischen Vergangenheit und Zukunft*, S. 126.
4 Goethe, *Werke*, Band 1, S. 237.
5 Heinrich Blücher an Hannah Arendt, Paris, 5. August 1936, AB-Briefe, S. 33.
6 Hannah Arendt an Heinrich Blücher, Genf, 20. August 1936, AB-Briefe, S. 48.
7 Obgleich Marianne von Willemer vor gerade einem Jahr Johann Jakob von Willemer, Oberdirektor des Frankfurter Schauspiels, geheiratet hatte, fühlte sie sich von Goethe zutiefst wahrgenommen, und ihn wiederum bezauberte ihre jugendliche Zartheit.
8 Später wird ebendieser Gedichtzyklus bei der Wiederbegegnung zwischen Hannah Arendt und Martin Heidegger als literarische Brücke dienen. Im Oktober 1953 schreibt er an sie: »Weißt Du noch, welche Verse Du beim ersten Wiedersehen in Freiburg aus dem ›Divan‹ zitiertest?« Martin Heidegger an Hannah Arendt,

Meßkirch, 6. Oktober 1953, Arendt-Heidegger Briefe, S. 139.

9 Hannah Arendt an Heinrich Blücher, Zürich, 23. November 1936, AB-Briefe, S. 61.

10 Ebd.

11 Telefongespräch der Autorin mit George Rose, Professor für Biophysik an der Johns Hopkins University, 28. Oktober 2021.

12 Sigrid Weigel, »Dichtung als Voraussetzung der Philosophie«, S. 134.

13 Hannah Arendt, *Denktagebuch I,* Mai 1953, S. 372.

14 Heinrich Blücher, Sources of Creative Power, Vorlesung 8, 12. November 1953, https://ul.qucosa.de/api/qucosa%3A73904/attachment/ATT-1/

15 Heinrich Blücher an Hannah Arendt, Villemalard, 17. Oktober 1939, AB-Briefe S. 98.

16 Alfred Kazin, *New York Jew*, S. 198.

17 Gespräch der Autorin mit Leon Botstein, seit 1975 Präsident des Bard College, ehemals Student von Hannah Arendt und später mit ihr befreundet, Bard College, 19. Oktober 2021.

18 »... das Frauenproblem, nämlich die Diskrepanz zwischen dem, was Männer von Frauen ›überhaupt‹ erwarteten, und dem, was sie geben konnte oder ihrerseits erwartete«, Hannah Arendt, *Rahel*, Vorwort, S. 21.

19 Heinrich Blücher an Hannah Arendt, Villemalard, 4. Dezember 1939, AB-Briefe, S. 106.

20 Hannah Arendt an Heinrich Blücher, Winchester, MA, 28. Juli 1941, AB-Briefe S. 122.

21 Blücher an Arendt, Paris, 7. August 1936 und 19. September 37, AB-Briefe, S. 38 bzw. S. 85.

22 Hannah Arendt an Kurt Blumenfeld, Palenville, 6. August 1954, Arendt-Blumenfeld Briefe, S. 104.

23 Alfred Kazin, *Journals*, S. 156.

24 Alfred Kazin, *Lifetime Burning*, S. 107f.

25 Heinrich Blücher an Hannah Arendt, New York, 3. Mai 1952, AB-Briefe, S. 258.
26 Hannah Arendt an Heinrich Blücher, Basel, 26. Dezember 1949, AB-Briefe, S. 184.
27 Hannah Arendt an Heinrich Blücher, München, 13. Juni 1952, AB-Briefe, S. 286.
28 Hannah Arendt an Kurt Blumenfeld, 19. Juli 1947, Arendt-Blumenfeld Briefe, S. 44.
29 Hannah Arendt, *Vita Activa*, S. 237.
30 Hannah Arendt, Oktober 1950, *Denktagebuch I*, S. 37.
31 Hannah Arendt an Karl Jaspers, Middletown, CT, 1. November 1961, Arendt-Jaspers Briefe, S. 493.
32 Hannah Arendt an Mary McCarthy, New York, 4. April 1962, McCarthy-Arendt Briefe, S. 224.
33 Hannah Arendt an Kurt Wolff, New York, 4. April 1962, *Wie ich einmal ohne Dich leben soll*, S. 574.
34 Elisabeth Young-Bruehl, *Hannah Arendt*, S. 609.
35 Hannah Arendt an Mary McCarthy, New York, 22. November 1970, Arendt-McCarthy Briefe, S. 427.
36 Hannah Arendt an Martin Heidegger, New York, 27. November 1970, Arendt-Heidegger Briefe, S. 206.
37 Telefongespräch der Autorin mit Jack Blum, Rechtsanwalt in Washington, ehemaliger Student von Heinrich Blücher, befreundet mit dem Ehepaar Arendt-Blücher, 4. Oktober 2021.
38 *The New York Times*, 6. Dezember 1975, S. 32 und 9. Dezember 1975, S. 44.

KAPITEL 5

1 Hannah Arendt an Karl Jaspers, 29. Januar 1946, Arendt-Jaspers Briefe, S. 67.
2 Karl Jaspers an Hannah Arendt, Basel, 10. Dezember 1965, Arendt-Jaspers Briefe, S. 652.

3 Hannah Arendt, »Rosa Luxemburg«, in: *Menschen in finsteren Zeiten*, S. 46-74, S. 63.

4 Heinrich Blücher an Hannah Arendt, New York, 22. Februar 1950, AB-Briefe, S. 220.

5 Hannah Arendt an Heinrich Blücher, Paris, 11. Januar 1950, AB-Briefe, S. 192. Es geht hier um Malraux' *Die künstlerische Gestaltung*. 1957 wird dann eine vierbändige erweiterte Gesamtausgabe unter dem Titel *Stimmen der Stille* erscheinen.

6 Natalie Edgar, *Club without Walls*, S. 86.

7 Ebd., S. 158.

8 Heinrich Blücher an Hannah Arendt, New York, 18. April 1952, AB-Briefe, S. 251 f.

9 »Faculty of Exiles Is Projected Here«, in: *The New York Times*, 13. 5. 1933.

10 Alfred Kazin, »I got the New School to try him out. He is so vehement a teacher, and he is such a hit with the culture vultures there who just have to listen […]«, *A Lifetime Burning*, S. 107.

11 https://digital.archives.newschool.edu/index.php/Detail/objects/NS050101_ns1950ye

12 https://digital.archives.newschool.edu/index.php/Detail/objects/NS050101_ns1951sp

13 https://research.uni-leipzig.de/bluecherproject/sources-of-creative-power-1-fall-semester-lecture-1/

14 Hannah Arendt an Heinrich Blücher, Berkeley, 25. Mai 1955, AB-Briefe, S. 384.

15 E-Mail-Korrespondenz der Autorin mit Jerome Kohn, ehemals Assistent von Hannah Arendt, Direktor des Hannah Arendt Center an der Graduate Faculty der New School und Trustee des Hannah Arendt Blücher Literary Trust, 10. Dezember 2021.

16 Telefongespräch der Autorin mit Jack Blum, Rechtsanwalt in Washington, D. C., 4. Oktober 2021.

17 Telefongespräch der Autorin mit Dr. Lois Oppenheim,

Professorin für Literaturwissenschaft an der Montclair State University, ehemalige Studentin am Bard College 1963/1964, 12. Oktober 2021.

18 In ihrem Brief vom 3. November 1966 an Karl Jaspers versucht sie dessen Unterstützung für Botstein bei seiner Promotion über Max Weber zu erwirken. Arendt-Jaspers Briefe, S. 694.

19 Gespräch mit Professor Leon Botstein, Präsident des Bard College, am 19. Oktober 2021.

20 Heinrich Blücher an Hannah Arendt, 23. Mai 1952, AB-Briefe, S. 271.

21 Hannah Arendt, »Politik und Freiheit«, in: dies., *Zwischen Vergangenheit und Zukunft*, S. 201-226, S. 206.

22 https://research.uni-leipzig.de/bluecherproject/sources-of-creative-power-2-spring-semester-lecture-15-jesus/

23 »... wir wollen erst einmal herausfinden, was dieser Mann wusste, was er tat und was er wollte, was er lehrte, und was wir nach seinem Willen tun sollen.« Ebd., 14

24 Hannah Arendt, *Vita Activa*, S. 305.

25 Hannah Arendt an Karl Jaspers, New York 13. Mai 1953, Arendt-Jaspers Briefe, S. 252.

26 Hannah Arendt, *Die Freiheit, frei zu sein*, S. 37. Wie der Herausgeber Thomas Meyer anmerkt, geht dieser Text von Hannah Arendt auf den oben genannten Vortrag in Chicago zurück.

27 Ebd., S. 38.

28 Hannah Arendt, *Zwischen Vergangenheit und Zukunft,* S. 206.

29 Hannah Arendt, *Vita Activa*, S. 205.

30 Hannah Arendt, im August 1968, *Denktagebuch* 2, S. 693.

31 Telefongespräch mit George Rose, Professor für Biophysik, Johns Hopkins University, Bard ’63 am 28. Oktober 2021.

32 Hannah Arendt an Heinrich Blücher, Berkeley, 8. März 1955, AB-Briefe, S. 353 f.
33 Hannah Arendt an Heinrich Blücher, München, 28. Mai 1961, AB-Briefe, S. 544.
34 Gerhard Casper, Verfassungsjurist und Professor der Rechtswissenschaft, von 1992 bis 2000 Präsident der Stanford University. Ab 1966 Professor an der University of Chicago, wo er mit Hannah Arendt zusammen ein Seminar unterrichtete. Später sahen sich die Ehepaare Gerhard und Regina Casper und Hannah und Heinrich Arendt-Blücher in New York.
35 Karl Jaspers, *Die Idee der Universität* (1923, 1946), Berlin, Göttingen, Heidelberg 1961.
36 Heinrich Blücher an Karl Jaspers, New York, 5. September 1961, Arendt-Jaspers Briefe, S. 487 ff.
Vorlesung Frühjahr 1967, Bard College, https://www.bard.edu/bluecher/lectures/academic_free/academic_freedom.php
37 Hannah Arendt, *Macht und Gewalt* (1970), München 2003.
38 Interview Adelbert Reif mit Hannah Arendt, *Die Zeit*, Nr. 44, 30. Oktober 1970.
39 Telefongespräch der Autorin mit Robert Kelly, Dichter und ehemaliger Kollege von Heinrich Blücher am Bard College, am 25. Oktober 2021.

KAPITEL 6

1 Hannah Arendt an Kurt Blumenfeld, Basel 16. Juli 1958, Arendt-Blumenfeld Briefe, S. 216.
2 Heinrich Blücher an Hannah Arendt, New York, 23. Mai 1952, AB-Briefe, S. 271.
3 Heinrich Blücher, *Versuche über den Nationalsozialismus*, zweisprachige Ausgabe herausgegeben und mit

einem Nachwort versehen von Ringo Rösener. In seiner editorischen Anmerkung gelingt es Rösener, den Zusammenhang zwischen Blüchers Essays und Arendts *Elemente und Ursprünge* präzise aufzuzeigen. Ebd., S. 146ff. Der Titel »Perpetuum Mobile« bezieht sich u.a. auf Kants Kritik am Gesetz der immerwährenden Bewegung, dessen Anwendbarkeit infrage gestellt wird. Arendt erwähnt den Begriff z.B. in ihren Gedanken zu Schellings *Philosophischen Untersuchungen über das Wesen der menschlichen Freiheit* im Kontext ihrer Überlegungen zu Gut und Böse. Hannah Arendt, Januar 1952, *Denktagebuch I*, S. 177f.

4 Hannah Arendt, *Denktagebuch 2*, S. 801.

5 Hannah Arendt, *Elemente und Ursprünge*, S. 964.

6 Heinrich Blücher, *Versuche über den Nationalsozialismus*, S. 78.

7 Ebd., S. 88f.

8 Hannah Arendt, *Elemente und Ursprünge*, S. 962ff.

9 Hannah Arendt, *Vita Activa*, S. 11.

10 Hannah Arendt, *Elemente und Ursprünge*, S. 682.

11 Heinrich Blücher, *Versuche über den Nationalsozialismus*, S. 90.

12 Hannah Arendt, *Elemente und Ursprünge*, S. 979.

13 Dieser Vortragstext wird dann im *New York Review of Books* unter dem Titel »Lying as a Way of Life« veröffentlicht, was so viel heißt wie »Lebenslüge«. https://www.nybooks.com/articles/1975/06/26/home-to-roost-a-bicentennial-address/

14 »For it was the greatness of this Republic to give due account, for the sake of freedom, to the best in men and to the worst.« Ebd.

15 Hannah Arendt, April 1953, *Denktagebuch I*, S. 353f.

16 Interview Olga Amann mit Hannah Arendt, Princeton, September 1960, https://www.hannaharendt.net, Ausgabe 1, Band 9 – November 2018.

17 Barbara Hahn, »Die ›eigene‹ und andere Sprachen«, in: Ausstellungskatalog DHM, S. 147ff.

18 Hannah Arendt, November 1950, *Denktagebuch I*, S. 42f.

19 Juliane Rebentisch arbeitet differenziert heraus, wie Arendt Pluralität versteht als das Einnehmen unterschiedlicher Perspektiven, welches die Änderung von Meinungen oder Einstellungen ermöglicht. Dies sei ihr performativer Begriff von Freiheit. In ihren Ausführungen bemüht sich die Autorin, die Widersprüche und Ungereimtheiten Arendts zu benennen, wie beispielsweise ihre Äußerungen zum Rassismus, aber letztlich doch deren Werk zu würdigen. Juliane Rebentisch, *Der Streit um Pluralität.*

20 Hannah Arendt, Fernsehgespräch mit Günter Gaus, in: *Ich will verstehen*, S. 46f.

21 Heinrich Blücher, Why and How We Study Philosophy, Sommer 1952, II, https://www.bard.edu/bluecher/lectures/why_study/why_study_page.php

22 Hannah Arendt, *Denktagebuch I*, Dezember 1950, S. 48.

23 Heinrich Blücher, Talk on the Common Course (1952), https://www.bard.edu/bluecher/lectures/com_crse_talk/talk_page.php

24 Hannah Arendt, in: *Text + Kritik*, S. 10.

25 Hannah Arendt, *Denktagebuch I*, Juni 1952, S. 214.

26 Hannah Arendt, *Ich will verstehen*, S. 82.

27 Hannah Arendt, *Denktagebuch I*, S. 331.

28 Ebd., S. 433.

29 https://www.bard.edu/bluecher/lectures/com_crse_talk/talk.php

30 Hannah Arendt, »Home to Roost. A Bicentennial Address«, in: *The New York Review of Books*, 26. Juni 1975.

31 Zitiert nach: Hannah Arendt, *Die Freiheit, frei zu sein*, S. 47.

KAPITEL 7

1 Antonia Grunenberg, *Hannah Arendt und Martin Heidegger*, S. 11.
2 »Hannah Arendt für Martin Heidegger«, 26. September 1969, in: Arendt-Heidegger Briefe, S. 179-192, S. 181.
3 Ebd.
4 Martin Heidegger an Hannah Arendt, 10. Februar 1925, Arendt-Heidegger Briefe, S. 11.
5 Martin Heidegger an Hannah Arendt, 17. Juli 1925; 31. Juli 1925; 10. Dezember 1925; 9. Januar 1926, Arendt-Heidegger Briefe, S. 41, 43, 53.
6 Hannah Arendt, »Schatten«, in: Arendt-Heidegger Briefe, S. 21-25.
7 Martin Heidegger an Hannah Arendt, 24. April 1925, Arendt-Heidegger Briefe, S. 26.
8 Hannah Arendt: »Abschied«, in: Arendt-Heidegger Briefe, S. 377.
9 Martin Heidegger an Hannah Arendt, 2. August 1925, Arendt-Heidegger Briefe, S. 43.
10 »Hannah Arendt für Martin Heidegger«, 26. September 1969, dies und die beiden folgenden Zitate in: Arendt-Heidegger Briefe, S. 179 ff.
11 Hannah Arendt an Martin Heidegger am 22. April 1928, Arendt-Heidegger Briefe, S. 65 f.
12 Hannah Arendt an Heinrich Blücher am 8. Februar 1950, AB-Briefe, S. 207 f.
13 Ebd., S. 208.
14 Hannah Arendt an Heinrich Blücher, Wiesbaden, 9. Februar 1950, AB-Briefe, S. 209.
15 Hannah Arendt, *Denktagebuch I*, Juli 1953, S. 403 f.
16 Hannah Arendt an Heinrich Blücher, 14. November 1955, AB-Briefe, S. 426.
17 Hannah Arendt an Martin Heidegger, 28. Oktober 1960, Arendt-Heidegger Briefe, S. 148.

18 Zitiert nach: Antonia Grunenberg, *Hannah Arendt und Martin Heidegger*, S. 343.

19 Ebd., S. 395.

20 Die Beziehung Arendt – Heidegger hat an Faszination nicht verloren, nicht nur für die Wissenschaft. Zu nennen sind zwei Theaterstücke: Kate Fodor, *Hannah and Martin*, Regie Ron Russell, New York, Manhattan Ensemble Theater, 2004, sowie Douglas Lackey und Alexander Harrington, *Arendt-Heidegger, A Love Story*, New York, Theatre for the New City 2018, https://www.arendt-heidegger.com/ Douglas Lackey, Professor der Philosophie am Baruch College, möchte mit diesem fiktiven Dialog ein unterhaltsames Stück präsentieren (E-Mail-Korrespondenz der Autorin mit Douglas Lackey, 31.8.2021), tatsächlich ist das Stück von den philosophischen Konzepten der Protagonisten durchdrungen.

21 Günther Anders, *Die Kirschenschlacht*, S. 12f.

22 Hannah Arendt und Günther Stern, »Rilkes *Duineser Elegien*«, in: *Neue Schweizer Rundschau*, 23. Jg. (1930), S. 855-871.

23 Kerstin Putz, Nachwort, Arendt-Anders Briefe, S. 239.

24 Hannah Arendt an Günther Anders, New York, 31. Mai 1941, Arendt-Anders Briefe, S. 29.

25 Hannah Arendt an Günther Anders, New York, 10. September 1941, Arendt-Anders Briefe, S. 48.

26 Hannah Arendt an Heinrich Blücher, Winchester, MA, 2. August 1841, AB-Briefe, S. 127.

27 Hannah Arendt an Günther Anders, Winchester, MA, 7. August 1941, Arendt-Anders Briefe, S. 46.

28 Kerstin Putz, Nachwort, Arendt-Anders Briefe, S. 253.

29 Günther Anders an Hannah Arendt, Wien, 13. Dezember 1961, Arendt-Anders Briefe, S. 84.

30 Telefongespräch der Autorin mit Gerhard Casper, 6. Dezember 2021.

31 Hannah Arendt an Heinrich Blücher, Paris, 11. Januar 1950, AB-Briefe, S. 190.
32 Hannah Arendt an Heinrich Blücher, Heidelberg, 30. Januar 1950, AB-Briefe, S. 200.
33 Hannah Arendt, *Denktagebuch I*, April 1951, S. 73.
34 Hannah Arendt an Heinrich Blücher, Mailand, 13. September 1955, AB-Briefe S. 398.
35 Hannah Arendt an Heinrich Blücher, Berkeley, 25. Mai 1955, AB-Briefe S. 385.
36 Charlotte Beradt an Hannah Arendt, New York, 23. November 1955, *Wie ich einmal ohne Dich leben soll*, S. 349.
37 Charlotte Beradt an Hannah Arendt, New York, 22. Mai 1958, ebd., S. 363.
38 Hannah Arendt an Heinrich Blücher, Zürich, den 1. Juni 1958, AB-Briefe S. 474.
39 Vorbemerkung in: Hannah Arendt, *Traditionsbestände*.
40 Charlotte Beradt an Hannah Arendt, Zürich, September 1958 o.D., in: *Wie ich einmal ohne Dich leben soll*, S. 369.
41 Charlotte Beradt 1994, S. 23; im Original: »Totalitäre« statt »Totale Herrschaft«, vgl. Arendt, *Elemente und Ursprünge*, S. 974f.
42 *Wie ich einmal ohne Dich leben soll*, S. 327ff.

KAPITEL 8

1 Hannah Arendt, »Gedanken zu Lessing«. Von der Menschlichkeit in finsteren Zeiten, in: dies., *Menschen in finsteren Zeiten*, S. 11-45, S. 38.
2 Hannah Arendt an Kurt Blumenfeld, 16. Dezember 1957, Arendt-Blumenfeld Briefe, S. 199.
3 Norman Podhoretz, *Ex-friends*, S. 143.

4 Hannah Arendt, »Walter Benjamin«, in: *Menschen in finsteren Zeiten*, S. 258.
5 Walter Benjamin an Theodor Adorno, 9. Dezember 1938, in: Benjamin, *Gesammelte Schriften, Briefe. 1,* S. 797.
6 Walter Benjamin, *Über den Begriff der Geschichte*, These VII, S. 19 f.
7 Hannah Arendts Benjamin-Essay wird 1968 im *Merkur* sowie in englischer Sprache im *New Yorker* veröffentlicht, und in: *Menschen in finsteren Zeiten, S. 195-258.*
8 Hannah Arendt an Gershom Scholem, Paris, 29. Mai 1939, Arendt-Scholem Briefe, S. 8.
9 Hannah Arendt an Gershom Scholem, New York, 17. Oktober 1941, Arendt-Scholem Briefe, S. 15.
10 Hannah Arendt, »Walter Benjamin«, in: dies., *Menschen in finsteren Zeiten*, S. 195-254, S. 221.
11 Karl Jaspers, *Philosophische Autobiographie*, S. 17.
12 Karl Jaspers an Hannah Arendt, Heidelberg, 12. März 1946, Arendt-Jaspers Briefe, S. 70.
13 Karl Jaspers an Heinrich Blücher, Basel, 28. Dezember 1949, Arendt-Jaspers Briefe, S. 179.
14 Heinrich Blücher an Hannah Arendt, New York, 29. Januar 1950, AB-Briefe, S. 199.
15 Jaspers an Blücher, Basel, 5. Februar 1950, Arendt-Jaspers Briefe, S. 182
16 Hannah Arendt an Karl Jaspers, New York, 10. April 1950, Arendt-Jaspers Briefe, S. 183.
17 Hannah Arendt an Gertrud und Karl Jaspers, 4. Oktober 1950, Arendt-Jaspers Briefe, S. 195.
18 Ingeborg Gleichauf, *Hannah Arendt und Karl Jaspers*, S. 11.
19 Karl Jaspers an Hannah Arendt, Basel 31. Januar 1956, Arendt-Jaspers Briefe, S. 312.
20 Hannah Arendt: »Humanitas. Laudatio auf Karl Jaspers«, in: dies., *Menschen in finsteren Zeiten*, S. 90-100, S. 100.

21 Hannah Arendt an Karl Jaspers, New York, 6. August 1961, Arendt-Jaspers Briefe, S. 482.
22 Karl Jaspers an Hannah Arendt, Basel, 25. Juli 1963, Arendt-Jaspers Briefe, S. 547 f.
23 Karl Jaspers an Hannah Arendt, Basel, 16. November 1963, Arendt-Jaspers Briefe, S. 567.
24 Karl Jaspers an Hannah Arendt, Basel, 10. Januar 1966, Arendt-Jaspers Briefe, S. 655.
25 Karl Jaspers, *Philosophische Autobiographie*, S. 81.
26 Christian Walther, *Ein Freund, ein guter Freund*, S. 33.
27 Ebd., S. 93 f.
28 Heinrich Blücher an Hannah Arendt, Paris, 22. Oktober 1938, AB-Briefe, S. 88.
29 Zitiert nach Christian Walther, S. 234.
30 Heinrich Blücher an Hannah Arendt, 24. Dezember 1949, AB-Briefe, S. 183.
31 Christian Walther, S. 202 ff.
32 Hannah Arendt, »Robert Gilbert«, in: dies., *Menschen in finsteren Zeiten*, S. 311-319, S. 318.
33 Hannah Arendt, »Franz Kafka: Der Mensch mit dem guten Willen«, in: dies., *Die verborgene Tradition*, S. 62-72.
34 HA Papers.
35 Alfred Kazin, 5. Oktober 1951, *Journals*, S. 156.
36 Alfred Kazin, 12. Oktober 1951, ebd., S. 157.
37 Hannah Arendt an Heinrich Blücher, Paris, 17. April 1952, AB-Briefe, S. 248.
38 Hannah Arendt an Alfred Kazin, 27. April 1952, in: Hannah Arendt – Alfred Kazin, Correspondence, Helgard Mahrdt (Hrsg.) https://www.researchgate.net/publication/344414726
39 Alfred Kazin, *Journals*, S. 162.
40 Alfred Kazin, *New York Jew*, S. 198.
41 Alfred Kazin, *New York Jew*, S. 195.
42 Helen Wolff an Hannah Arendt, 8. Mai 1954, *Wie ich einmal ohne dich leben soll*, S. 533.

43 Hannah Arendt an Kurt und Helen Wolff, Basel, 25. Oktober 1959, ebd., S. 536.

44 Hannah Arendt, »Walter Benjamin«, in: *The New Yorker,* 35, 19. Oktober 1968, S. 65; drei Folgen in: *Merkur*, Jg. 22, 1968.

45 Helen Wolff, »Was Liebe ist«, in: *du. Die Zeitschrift der Kultur,* November 1993, zitiert nach: *Wie ich einmal ohne Dich leben soll,* S. 658.

46 Hannah Arendt, »Nicht mehr und noch nicht«/»No Longer and Not Yet«, in: *The Nation* 163/11 (Sept. 14, 1946), auf Deutsch in: Arendt-Broch Briefe, S. 169-174.

47 Hannah Arendt an Hermann Broch, 29. Mai 1946, Arendt-Broch Briefe, S. 9. Sowie: »Hermann Broch und der moderne Roman«, Erstveröffentlichung in: *Der Monat* I / 8-9 (Juni 1949), in: Arendt-Broch Briefe, S. 175-184, S. 175.

48 Heinrich Blücher an Hermann Broch, 1946 o. D., HA Papers.

49 Hermann Broch an Hannah Arendt, Princeton, 14. Dezember 1947, Arendt-Broch Briefe, S. 65.

50 Hermann Broch an Hannah Arendt, Princeton, 9. Juni 1947, Arendt-Broch Briefe, S. 36.

51 Hermann Broch, in: Arendt-Broch Briefe, S. 152.

52 Hannah Arendt, »Hermann Broch«, in: *Menschen in finsteren Zeiten*, S. 136-180, S. 180.

53 Zitiert nach: Hannah Arendt, »Randall Jarrell«, in: dies., *Menschen in finsteren Zeiten*, S. 360-365, S. 361.

54 Hannah Arendt, »Randall Jarrell«, ebd., S. 362f.

55 Randall Jarrell an Hannah Arendt, 15. März 1954, HA Papers.

56 Randall Jarrell, *Pictures from an Institution, S. 22.*

57 Ebd., S. 140f.

58 Ebd., S. 148.

1 Hannah Arendt an Heinrich Blücher, Tel Aviv, 6. Mai 1961, Heinrich Blücher an Hannah Arendt, New York, 14. Mai 1961, AB-Briefe, S. 531 und 536.
2 Hannah Arendt an Karl Jaspers, Jerusalem, 13. April 1961, Arendt-Jaspers Briefe, S. 472.
3 Hannah Arendt an Heinrich Blücher, Jerusalem, 15. April 1961, Arendt-Blücher Briefe, S. 518.
4 Hannah Arendt an Karl Jaspers, Jerusalem, 13. April 1961, Arendt-Jaspers Briefe, S. 471 f.
5 Professor Dina Porat, Historikerin an der israelischen Holocaust-Gedenkstätte Yad Vashem, erinnert sich rückblickend an dieses Kindheitserlebnis. Siehe: *New York Times*, 4. Juli 2022.
6 Mary McCarthy, »The Hue and the Cry« (1964), in dies., *The Writing on the Wall and Other Literary Essays*, S. 54-71, S. 54.
7 Hannah Arendt, *Eichmann in Jerusalem*, Vorrede, S. 33.
8 Hannah Arendt an Heinrich Blücher, Tel Aviv, 20. April 1961, AB-Briefe, S. 521.
9 Heinrich Blücher an Hannah Arendt, New York, 29. April 1961, HA Papers.
10 Hannah Arendt, *Eichmann in Jerusalem*, S. 224 f.
11 Hannah Arendt, ebd., S. 244.
12 Hannah Arendt, ebd., S. 125.
13 Hannah Arendt, ebd., S. 132.
14 Hannah Arendt, ebd., S. 48.
15 Hannah Arendt an Karl Jaspers, New York, 20. Juli 1963, Arendt-Jaspers Briefe, S. 547.
16 Hannah Arendt, *Eichmann in Jerusalem*, S. 127.
17 Ebd., S. 237 f.
18 Heinrich Blücher an Hannah Arendt, New York, Mitte März 1963, AB-Briefe, S. 562.

19 Hannah Arendt an Heinrich Blücher, Basel, 15. März 1963, AB-Briefe, S. 562.

20 Seit 1843 ist B'nai B'rith dem Erhalt und der Förderung des Judentums verpflichtet, primär durch Aufklärung und Bildung. 1913 gründete die Organisation die Anti-Diskriminierungs-Liga, die als Menschenrechtsorganisation gegen Diskriminierung und Diffamierung von Juden und allgemein gegen Antisemitismus tätig ist.

21 Elisabeth Young-Bruehl, *Hannah Arendt*, S. 478.

22 Anson G. Rabinbach, »Hannah Arendt und die New Yorker Intellektuellen«, in: *Hannah Arendt Revisited,* S. 33-56, S. 34.

23 Hannah Arendt an Gershom Scholem, New York, 20. Juli 1963, Arendt-Scholem Briefe, S. 440.

24 Hannah Arendt, *Eichmann in Jerusalem,* S. 133.

25 Gershom Scholem an Hannah Arendt, Jerusalem, 23. Juni 1963, Arendt-Scholem Briefe, S. 428.

26 Hannah Arendt an Gershom Scholem, New York, 20. Juli 1963, Arendt-Scholem Briefe, S. 438.

27 Hannah Arendt an Mary McCarthy, New York, 20. September 1963, Arendt-McCarthy Briefe, S. 255 ff.

28 Hannah Arendt an Karl Jaspers, Chicago, 20. Oktober 1963, Arendt-Jaspers Briefe, S. 559.

29 Karl Jaspers an Hannah Arendt, Basel, 13. Dezember 1963, Arendt-Jaspers Briefe, S. 578.

30 Hannah Arendt an Gershom Scholem, New York, 20. Juli 1963, Arendt-Scholem Briefe, S. 444.

31 Nachdem der Staatspräsident der Volksrepublik China Xi Jinping die Devise »Null-Covid-Infektionen« ausgegeben hat, werden von nationalistischen Helfern die strengsten Test- und Quarantäneregeln überwacht. Auf der chinesischen Social Media Plattform Weibo beziehen sich kritische Stimmen chinesischer Intellektueller darauf, dass es leicht sei, Einzelne – mit dem ex-

pliziten Hinweis auf die »Banalität des Bösen« – für schuldig zu erklären, statt die chinesische Regierung für die oftmals unwürdigen Maßnahmen verantwortlich zu machen. In: *The New York Times*, 13. Januar 2022, S. A 1 und A 8.

32 Hannah Arendt, »Über den Zusammenhang von Denken und Moral«, in: dies., *Zwischen Vergangenheit und Zukunft*, S. 128-156, S. 147.

33 Hannah Arendt, »Vorrede« (August 1964), *Eichmann in Jerusalem*, S. 37.

34 In *Eichmann vor Jerusalem* (2011) analysiert Bettina Stangneth eindringlich und genau die Geschichte dieser Dokumente und wie sie Eichmanns Verbrechen nachweisen.

35 Hannah Arendt, »Vorrede«, *Eichmann in Jerusalem*, S. 34.

36 Filmemacher Yariv Mozer in einem Radiointerview in WBUR, 15. Juli 2022.

37 Richard J. Bernstein, »Is Evil Banal? A Misleading Question«, in: *Thinking in Dark Times*, S. 131-136, S. 133.

38 Roger Berkowitz, »Misreading ›Eichmann in Jerusalem‹«, in: *The New York Times*, 13. Juli 2013.

39 Ingeborg Nordmann, »Das Böse, das die Weltordnung als solche verletzt«, Mai 2007, https://www.hannaharendt.net/index.php/han/article/view/119/204

40 Hannah Arendt, »Kultur und Politik«, in: *Zwischen Vergangenheit und Zukunft*, S. 277-304.

Literaturverzeichnis

PRIMÄRQUELLEN

Hannah Arendt, *Der Liebesbegriff bei Augustin* (Dissertation 1928), Frauke A. Kurbacher (Hrsg.), Hamburg: Felix Meiner 2018.

Hannah Arendt, *Wir Flüchtlinge* (1943), mit einem Essay von Thomas Meyer, Stuttgart: Reclam 2018 (9. Aufl.).

Hannah Arendt, *Elemente und Ursprünge totaler Herrschaft* (1955, *The Origins of Totalitarianism* 1951), München: Piper 2021 (23. Aufl.).

Hannah Arendt, *Rahel Varnhagen. Lebensgeschichte einer deutschen Jüdin in der Romantik* (1959, engl. 1958), München: Piper 2021 (erweiterte Neuausgabe).

Hannah Arendt, »Little Rock. ›Ketzerische Ansichten über die Negerfrage und equality‹« (1959), in: *In der Gegenwart. Übungen im politischen Denken II*, München: Piper 2017, S. 258-279.

Hannah Arendt, *Vita activa oder Vom tätigen Leben* (1960, *The Human Condition*, 1958), München: Piper 2019 (20. Aufl.).

Hannah Arendt, *Denktagebücher 1950-1973*, München: Piper 2002.

Hannah Arendt, *Zwischen Vergangenheit und Zukunft. Übungen im politischen Denken I*, München: Piper 2000 (2. Aufl.).

Hannah Arendt, *Menschen in finsteren Zeiten*, Ursula Ludz (Hrsg.), München: Piper 2019 (5. Aufl.).

Hannah Arendt, »Martin Heidegger ist achtzig Jahre alt«, in: *Merkur*, Oktober 1969, Heft 258.

Hannah Arendt, *Eichmann in Jerusalem. Ein Bericht von der Banalität des Bösen* (1964), München: Piper 2011.

Hannah Arendt, »Home to Roost. A Bicentennial Address«, in: https://www.nybooks.com/articles/1975/06/26/home-to-roost-a-bicentennial-address/

Hannah Arendt, *Die Freiheit, frei zu sein*. Mit einem Nachwort von Thomas Meyer, München: dtv 2019 (10. Aufl.).

Hannah Arendt, *Die verborgene Tradition. Acht Essays*, Frankfurt a. M.: Suhrkamp 2016 (4. Aufl.).

Hannah Arendt – Heinrich Blücher. Briefe 1936 – 1968, Lotte Köhler (Hrsg.), München: Piper 1996. (AB-Briefe)

Heinrich Blücher, *Versuche über den Nationalsozialismus*, Ringo Rösener (Hrsg.), Göttingen: Wallstein 2020.

Heinrich Blücher, *Bericht über ein durchschnittliches Leben*, in: HA-Papers/Family Papers/Blücher, Heinrich – Writings – Articles and reviews – 1951, 1968, n d, Bl 8-18

HA-Papers/Family Papers/Arendt, Hannah – Correspondence – Restitution from Germany – Miscellany – 1959, Jan-Apr, Bl 18.

Hannah Arendt – Günther Anders, *Schreib doch mal* hard facts *über Dich. Briefe 1939 bis 1975. Texte und Dokumente*, Kerstin Putz (Hrsg.), München: C. H.Beck 2016.

Hannah Arendt – Kurt Blumenfeld »... in keinem Besitz verwurzelt«. Die Korrespondenz, Ingeborg Nordmann und Iris Pilling (Hrsg.), Hamburg: Rotbuch Verlag, 1995.

Hannah Arendt – Hermann Broch. Briefwechsel 1946-1951, Paul Michael Lützeler (Hrsg.), Frankfurt a. M.: Jüdischer Verlag im Suhrkamp Verlag 1996.

Hannah Arendt/Martin Heidegger. Briefe 1925-1975 und

andere Zeugnisse, Ursula Ludz (Hrsg.), Frankfurt a.M.: Vittorio Klostermann 1999 (2. Aufl.).
Hannah Arendt – Karl Jaspers. Briefwechsel 1926-1969, Lotte Köhler und Hans Saner (Hrsg.), München: Piper 2001 (2. Aufl.).
Hannah Arendt – Mary McCarthy. Im Vertrauen, Briefwechsel 1949-1975, deutsch von Ursula Lutz und Hans Moll, München: Piper 2020.
Wie ich einmal ohne Dich leben soll, mag ich mir nicht vorstellen. Briefwechsel mit den Freundinnen Charlotte Berndt, Rose Feitelson, Hilde Fränkel, Anne Weil und Helen Wolff, Ingeborg Nordmann und Ursula Ludz (Hrsg.), München: Piper, 2017.
Hannah Arendt – Gershom Scholem. Der Briefwechsel, Berlin: Jüdischer Verlag im Suhrkamp Verlag 2010.

SEKUNDÄRQUELLEN

Günther Anders, *Die Kirschenschlacht. Dialoge mit Hannah Arendt*, München: C.H. Beck 2011.
Hannah Arendt, Text und Kritik, Heinz Ludwig Arnold (Hrsg.), 166/167, IX/05.
Martha Arendt, *Notre enfant. Journal*. In: Hannah Arendt, *À travers le mur*, Karin Biro (Hrsg.), Paris: Payot 2017.
Seyla Benhabib, *The Reluctant Modernism of Hannah Arendt*, Lanham, Boulder, New York, Toronto, Oxford: Rowman and Littlefield 2003.
Walter Benjamin, *Das Kunstwerk im Zeitalter seiner technischen Reproduzierbarkeit,* in: Ausgewählte Werke Band II, Berlin: Suhrkamp 2015.
ders., *Über den Begriff der Geschichte*, Berlin: Suhrkamp 2010.
ders., *Gesammelte Schriften Briefe I*, Gershom Scholem

und Theodor W. Adorno (Hrsg.), Frankfurt a. M.: Suhrkamp 1978.

Charlotte Beradt, *Das dritte Reich des Traums*, München: Nymphenburger Verlagshandlung 1966.

Richard U. Bernstein, *Denkerin der Stunde. Über Hannah Arendt*, Andreas Wirthensohn (Üb.) Berlin: Suhrkamp 2020.

Homi K. Bhabha, *Die Verortung der Kultur*, Michael Schiffmann und Jürgen Freudl (Üb.), Tübingen: Stauffenburg 2000.

Maxim Botstein, »The Idea of the University in Practice: Karl Jaspers, Heinrich Blücher, and the Common Course at Bard College«, *Existenz* 13/2 (2018), 35-39.

Hermann Broch, Annemarie Meier-Graefe, *Der Tod im Exil. Briefwechsel 1950/51*, Paul Michael Lützeler (Hrsg.), Frankfurt a. M.: Suhrkamp 2001.

Natalie Edgar, *Club without Walls. Selections from the Journals of Philip Pavia*, New York: Midmarch Arts Press 2007.

Lisa Fittko, *Mein Weg über die Pyrenäen. Erinnerungen 1940/41*, München: dtv 2015 (5. Aufl.).

Kate Fodor, *Hannah und Martin*, New York: Dramatists Play Service Inc. 2004.

Judith Friedlander, *A Light in Dark Times. The New York School for Social Research and its University in Exile*, New York: Columbia University Press 2019.

Robert Gilbert, *Mich hat kein Esel im Galopp verloren*, München: Piper 1972.

Ingeborg Gleichauf, *Hannah Arendt und Karl Jaspers. Geschichte einer einzigartigen Freundschaft*, Wien, Köln, Weimar: Böhlau 2021.

Johann Wolfgang von Goethe, *Werke, Hamburger Ausgabe, Band 1*, Erich Trunk (Hrsg.), München: C. H. Beck 1981 (12. Aufl.).

Antonia Grunenberg, *Hannah Arendt und Martin Heidegger. Geschichte einer Liebe*, München: Piper 2006.
Anne C. Heller, *Hannah Arendt. A Life in Dark Times*, Boston & New York: Houghton Mifflin Harcourt 2015.
Randall Jarrell, *Pictures from an Institution* (1954), Chicago & London: University of Chicago Press 1986.
Karl Jaspers, *Philosophische Autobiographie*, München: Piper 1977.
Alvin S. Johnson, *Pioneer's Progress. An Autobiography*. University of Nebraska Press 1952.
Alfred Kazin, *New York Jew*, New York: Alfred A. Knopf 1987.
ders., *Alfred Kazin's Journals*, Richard M. Cook (Hrsg.), New Haven & London, Yale University Press 2011.
ders., *A Lifetime Burning in Every Moment. From the Journals of Alfred Kazin*, New York: HarperCollins 1996.
Marie Luise Knott, *370 Riverside Drive, 730 Riverside Drive, Hannah Arendt und Ralph Waldo Ellison*, Berlin: Matthes & Seitz 2022.
Ken Krimstein, *Die drei Leben der Hannah Arendt. Graphic Novel*, Hanns Zischler (Üb.), München: dtv 2020 (4. Aufl.)
Robert Lowell, »On Hannah Arendt«, in: *New York Review of Books*, 13. Mai 1976.
Hannah Arendt an Robert Lowell, 18.1.1961, 5.2.1961, 13.8.1969, Houghton Library, Harvard University, bMSAM, 1903 (35-37).
Mary McCarthy, *The Writing on the Wall and Other Literary Essays*, New York: Harcourt, Brace & World, Inc. 1970.
Bernd Neumann, *Hannah Arendt und Heinrich Blücher. Ein deutsch-jüdisches Gespräch*, Berlin: Rowohlt 1998.
Norman Podhoretz, *Ex-Friends*, New York: The Free Press 1999.
Alois Prinz, *Beruf Philosophin oder Die Liebe zur Welt.*

Die Lebensgeschichte der Hannah Arendt, Weinheim & Basel: Beltz & Gelberg 1998.

Juliane Rebentisch, *Der Streit um Pluralität. Auseinandersetzungen mit Hannah Arendt*, Berlin: Suhrkamp 2022.

John Reed, *A Drama in Time. The New School Century*, London: Profile Editions 2019.

Anne C. Schenderlein, *Germany on Their Minds: German Jewish Refugees in the United States and Their Relationships with Germany, 1938-1988*, Berghahn Books, 2020, https://doi.org/10.2307/j.ctvvbn7f

Jana V. Schmidt, *Arendt und die Folgen*, Stuttgart: J.B. Metzler 2018.

Gary Smith (Hrsg.), *Hannah Arendt Revisited: »Eichmann in Jerusalem« und die Folgen*, Frankfurt a.M.: Suhrkamp 2000.

Bettina Stangneth, *Eichmann vor Jerusalem. Das unbehelligte Leben eines Massenmörders*, Zürich: Arche 2011.

Christian Walther, *Ein Freund, ein guter Freund. Robert Gilbert – Lieddichter zwischen Schlager und Weltrevolution. Eine Biographie*, Berlin: Ch. Links Verlag 2019.

Sigrid Weigel, »Dichtung als Voraussetzung der Philosophie. Hannah Arendts Denktagebuch«, in: *Hannah Arendt*, Text und Kritik, 166/167, September 2005, S. 125-137.

Thomas Wild, *Nach dem Geschichtsbruch. Deutsche Schriftsteller um Hannah Arendt*, Berlin: Matthes und Seitz 2009.

Elisabeth Young-Bruehl, *Hannah Arendt. Leben, Werk und Zeit*, Hans Günter Holl (Üb.), Frankfurt a.M.: S. Fischer 2018 (5. Aufl.).

Von den Dichtern erwarten wir Wahrheit. Ausstellung Literaturhaus Berlin, Barbara Hahn, Marie Luise Knott, Berlin: Matthes & Seitz, 2007.

Thinking in Dark Times. Hannah Arendt on Ethics and Politics. Roger Berkowitz, Jeffrey Katz und Thomas

Keenan (Hrsg.), New York: Fordham University Press 2010.

Hannah Arendt und das 20. Jahrhundert, Dorlis Blume, Monika Boll, Raphael Gross (Hrsg.), Ausstellung Deutsches Historisches Museum, München: Piper 2020.

INTERNETQUELLEN

Hannah Arendt Papers (HA Papers) https://www.loc.gov/collections/hannah-arendt-papers/about-this-collection/

https://digitalarchives.library.newschool.edu/

Hannah Arendt, *Kritische Gesamtausgabe* (im Aufbau, bisher erschienen Bände 2, 3 und 6)

https://hannah-arendt-edition.net/index.html

Heinrich Blücher, *The Common Course*, https://www.bard.edu/bluecher/lectures.php

Heinrich Blücher, *Sources of Creative Power* (1953/1954) https://research.uni-leipzig.de/bluecherproject/

MEDIEN

Hannah Arendt. Ihr Denken veränderte die Welt, Margarethe von Trotta 2012.

Christine Nagel, *»... aber mit zweien beginnt die Wahrheit«. Der Philosoph Heinrich Blücher.* Deutschlandfunk 25. März 2011.

Varian's War, Lionel Chetwynd 2001.

Bildnachweis

Akademie der Künste, Berlin: Abb. 4 (Robert-Gilbert-Archiv, Sig. 448)
Art Resource, New York: 3, 5, 13, 17, 27, 28, 29, 32 (mit freundlicher Genehmigung des Hannah Arendt Bluecher Literary Trust)
Bard College Archives & Special Collections, Annandale-on-Hudson, NY: 18 (Hans Knopf), 20, 21, 30, 31
Camp de Gurs: 7
Didier Dubout, Paris: 6
Getty Images, München: 19 (Barry Winiker), 23 (Neal Boenzi/New York Times Co.)
Library of Congress, Washington, D.C.: 1, 12 (Manuscript Division, Hannah Arendt Papers)
Literaturarchiv Marbach: 2 (Nachlass Charlotte Beradt)
The New School, New York: 22 (New School Photograph Collection, The New School Archives and Special Collection)
picture-alliance, Frankfurt am Main: 8 (Effigie/Leemage), 10 (Fred Stein)
Fred Stein Archive, Stanfordville, NY: 9, 11, 14, 15, 16

Alle weiteren Abbildungen stammen aus dem Archiv der Autorin.

Personenregister